JN495446

하느님 뭐라꼬예?

모세오경

하느님 뭐라꼬예? 모세오경

교회인가 2022년 2월 18일(천주교대구대교구)
초판 1쇄 발행 2022년 10월 1일

지은이 조현권

펴낸이 김문상

책임편집 나윤희
일러스트 김근영
디자인 홍익포럼
인쇄 분도인쇄소

펴낸곳 (주)가톨릭신문사 | 등록 제1999-000017호
주소 41933. 대구시 중구 서성로 20(계산동2가 71)
전화 053)255-4285 | 팩스 053)251-0788

ISBN 978-89-91381-71-1 04230
978-89-91381-68-1 04230(세트)

책값은 뒷표지에 있습니다.

• 이 책의 일부 및 전체의 무단전재와 무단복제를 금합니다.
• 잘못된 책은 구입하신 서점에서 바꾸어 드립니다.

하느님 뭐라꼬예?

모세오경

조현권 지음

가톨릭신문사

성경은 우리 신앙의 원천입니다.
구원의 길에서 성경을 벗삼는 모든 님들께
이 책을 바칩니다.

성경 읽기와 묵상, 더 쉽게!

먼저 지난 해 출간된 《하느님 우야꼬예?》에 보내 주신 많은 분들의 사랑과 성원에 진심으로 감사드립니다. 세례 이후 교리책을 다시 읽어본다는 게 쉽지 않았을 텐데, 생각보다 많은 분들이 관심을 가져주셨습니다.

교우 분들이 조금이라도 더 교리를 잘 이해할 수 있도록 최대한 쉽게 써야겠다는 목표로 책을 냈으나 예비 신자들에겐 여전히 어렵겠다는 생각을 합니다. 그럼에도, 예비자를 위한 교리반 수업과 병행하여 공부하는 데 도움이 된다는 의견도 있어서 기쁘기도 했습니다. 그 힘을 받아 《하느님 우야꼬예?》 책 표지에서 예고해 드린 대로 먼저 《하느님 뭐라꼬예? 모세오경》을 출간하게 되었습니다.

이 책은 2020년 1월부터 월간 〈레지오 마리애〉 잡지에 연재한 글을 바탕으로 하고 있습니다. 연재 중에 여러 독자 분들이 편집실에 성원의 글을 보내 주셨는데, 그중 특히 다음의 글들이 큰 힘이 되었음을 고백합니다.

- 《하느님 뭐라꼬예?》를 읽고 레위기가 사랑의 율법서이고 민수기는 사제를 통한 하느님의 축복이라는 것을 알게 되었습니다. 평소 성경을 읽으려고 하면 어려워서 첫 문장에서 멈춰 버린 내가 부끄러웠습니다.
- 《하느님 뭐라꼬예?》에서 하느님의 계명이 있는 이유가 백성들을 잘 살게 하고, 내가 잘 되고 잘 살게 하는 데 있다는 것을 알았어요. 지금까지 살면서 하느님의 계명을 잘 지키면 하느님의 축복이 있다는 걸 책을 읽고 이제야 깨닫습니다.

《하느님 뭐라꼬예?》를 통해 한 분이라도 더 성경을 쉽게 읽고 묵상할 수 있기를 소망하는 마음이 자리하는 순간이었습니다.

성경은 하느님께서 우리 인간에게 하시는 말씀과 메시지로 가득 차 있습니다. 대개 약속과 위로와 사랑과 견책과 경고가 그 내용이지요. 이렇게 인간에 대한 하느님의 뜻과 말씀으로 가득 찬 성경은 우리를 살아 있는 신앙으로 이끄는 은총의 보고라 할 것입니다.

하느님께 대한 산 신앙을 살아가길 원하시는 여러분! 신앙의 원천인 성경을 통해 하느님께서 베풀어 주시는 은총을 체험하시기를 소망합니다. 성경의 이야기를 통해 하느님께서 지금의 나에게, 우리에게 어떤 말씀을 하고 계시는지 생각해 봅시다. 성경을 읽으면서 지금 이 자리의 나에게 들려주시는 하느님의 말씀에 귀 기울여 봅시다!

2022년 가을의 성모당에서

조스 신부

하느님 뭐라꼬예? 모세오경

창세기

창세기

이스라엘 백성의 역사에 있어서의 주요 사건

구약 성경은 하느님 백성인 이스라엘의 역사에서 중요한 세 가지의 사건을 전해 주고 있습니다. 이는 이스라엘 백성은 물론이고 현재를 사는 지금의 우리 마음속에도 분명하고 확고하게 간직해야 할 일들이지요.

첫 사건은 기원전 1250년경의 '탈출 사건'입니다. 종살이하던 이스라엘 백성들이 이집트에서 해방된 사건이지요. 모든 희망이 사라진 것만 같았던 고난의 때에 그들은 하느님의 개입으로 자유를 찾았던 것입니다.

두 번째 사건은 기원전 1000년경의 '다윗의 통치'입니다. 가나안에 도착한 이스라엘 민족은 '정의로운 통치로 백성들에게 사랑과 충성을 받았던 다윗' 치하에서 국가적인 통일을 이루게 됩니다. 백성들은 훗날 불의한 왕들의 지배 하에서 다윗 통치시대를 회상하며 모범적인 다윗왕과 같은 또 다른 왕, 즉 '새로운 다윗'을 희망하게 되었지요. 그래서 다윗의 출생지인 베들레헴과 그의 도성 예루살렘은 예언자들과 백성들의 마음속에 희망의 표지가 되었습니다. 그리고 이러한 희망은 메시아, 곧 '그리스도' '구세주를 향한 기다림'으로 이어집니다.

세 번째는 기원전 597~538년 사이에 세 차례에 걸쳐 있었던 '유배 사건'입니다. 다윗과 솔로몬의 통치 이후 국가는 북왕국 '이스라엘'과 남왕국 '유다'로 분열되었는데, 북왕국은 약 200년간 독립 국가로 있다가 아시리아에게 패망하였고, 남왕국은 약 350년간 존속하다가 바빌론에게 멸망합니다. 바빌론 사람들이 성도聖都 예루살렘을 파괴하고 수만 명의 이스라엘 백성들을 잡아간 것이 바빌론 유배의 시작이었죠.

유배를 통한 정화

나라를 잃은 이스라엘 백성은 적어도 50년 이상의 세월을 유배지에서 살았습니다. 그 기간 동안 그들은 자칫 바빌론 문화에 흡수될 위험에 처해 있었음에도 불구하고 고유한 주체성을 잃어버리지 않았습니다. 유배의 시간이 오히려 자신들을 위한 정화의 기간이 되었던 것이지요. 이스라엘 백성은 '하느님의 배려 속에서 바빌론을 쳐부순 페르시아 왕 키루스'의 도움을 얻어 소위 '두 번째 탈출'을 하게 되었습니다. 키루스 칙령 덕분에 유배지를 떠나 이스라엘로 돌아가게 되었고, 새로운 성전을 재건하게 된 것이지요.

지금의 삶이 어렵게 느껴지십니까? 그러한 님들이시라면 지나온 삶의 시간들을 깊은 반성으로 보내며, 이 시기를 신앙을 정화하는 계기로 삼으면 어떨까요? 유배 시기를 지나온 이스라엘 백성처럼 님들도 지금의 어려움을 견디어 내고 '새로운 탈출'을 경험하시면 좋겠습니다. 아울러 님들 주위에 있는 위기에 빠진 형제자매들도 정화의 체험을 할 수 있도록 '그들의 탈출'을 성원하는 님들 되시기를 바랍니다!

모세오경

성경의 첫 다섯 권은 전통적으로 (다섯 개로 된 첫 성경 두루마리들을 넣어두는 다섯 상자를 가리키는 뜻을 담아) '오경'五經 Pentateuchus이라 부릅니다. 오경은 이야기 부분과 법전들이 뒤섞여 하나의 모음집을 이루고 있으며, 이를 유다교에서는 '토라'라고 부릅니다. 토라는 흔히 '율법'律法으로 번역되지만, 법적인 의미를 넘어서 하느님의 업적과 뜻을 전하는 '가르침'을 담고 있습니다.

오경이 쓰인 것은 유배 시기 이후입니다. 예루살렘 성전이 파괴되고 적지 않은 사람이 유배를 가게 된 사건은 이스라엘 백성의 정체성에 심각한 위기를 초래하였고, 하느님께 대한 신앙을 뿌리째 흔들어 놓았지요. 나라를 잃고 방황하던 이스라엘 백성들은 하느님은 어떤 분이시고 그분은 어떤 방법으로 백성을 위해 개입하시는지, 미래에 성취될 하느님의 약속은 무엇인지를 (읽고 묵상하며 후손들에게 가르치고) 상기시켜 자신의 신앙을 지켜나가고자 했던 것입니다. 이렇게 토라는 바빌론 유배 시기와 페르시아 제국 시대를 거치면서 다양한 문헌들로 집필되고 편집의 과정을 거쳐 다섯 권의 책이 한 묶음으로 모아진 것입니다.

창세기는 세상과 히브리 백성의 기원을 서술하고, 탈출기는 이집트 탈출을 보도하며, 레위기는 레위 지파 소속으로 알려진 사제들의 법규들을 담고 있고, 네 번째 책인 민수기는 사막 체류 동안 단행된 (두 번의) 이중 인구 조사를 전하며, 끝으로 (그리스 말로 '두 번째 율법'을 뜻하는) 신명기는 앞서의 법률 본문들을 반복하는 것처럼 제시되고 있다.(한국천주교 주교회의, 주석 성경 구약, 49쪽)

유배 시기 이후 편집된 창세기

앞서 본 대로 기원전 597~538년에 있었던 '유배 사건'은 기원전 1250년경의 '탈출 사건', 기원전 1000년경의 '다윗의 통치'와 더불어 하느님 백성의 역사에서 중요한 사건 중의 하나였습니다. 약 50년 이상을 유배지에서 살았던 이스라엘 백성에게 그 기간은 정화의 시간이 되었던 것이지요. 이 유배 기간을 거치면서 본격적으로 엮어진 책이 바로 성경의 첫 부분인 '창세기'입니다.

원래 이스라엘 백성에게 "하느님께서 세상을 창조하셨다."는 것은 너무나 분명한 것이어서 굳이 창세기를 쓸 필요가 없었습니다. 하지만 나라를 잃고 방황하는 백성이 하느님께 대한 희망을 가지도록 애쓰는 과정에서 창세기가 기록되었습니다. 일반적으로 성서학자들이 인정하는 학설에 의하면, 창세기는 기원전 550년에서 450년 사이에 - 곧 유배 기간 중에 시작해서 그 이후까지 - 그 이전부터 전승되어 온 여러 작품들(야훼계, 엘로힘계, 제관계 문헌)을 모으고 엮어서 최종적으로 편집되었습니다.

1
하느님을 닮아 창조된 인간

조화로웠던 시초의 세상

창세기 1장과 2장에 의하면, 세상의 시작 무렵에는 하느님과 인간 및 여타 피조물 사이에 모든 것이 조화로운 상태였습니다. 창세기에서 말하는 것은, 사람들이 겪는 부조화와 무질서, 미움과 죄악의 현실이 '처음부터 혹은 원래 하느님께서 원하셨던 방식이 아니었다, 혹은 될 수는 없다.'는 것입니다. 하느님의 선하심과 충실을 신뢰하는 창세기의 저자들은 "하느님께서 시초에는 세상을 아름답게, 조화롭게 창조하셨다."고 믿었습니다.

님들은 어떠신가요? 자신의 인생살이를 통해 세상은 많은 부조화와 잘못이 함께하고 있음을 경험하지 않습니까? 그러나 이 세상의 죄악에도 불구하고 하느님께서 섭리하시는 어떤 질서가 이 세상에 있음을 알고 있으신가요? 우리는 하느님을 믿는 신앙인으로서 구세주 예수님을 알고 믿고 또 희망하고 있습니다. 예수 그리스도께서 우리 가운데 오셔서 하느님 나라의 싹을 심고

틔어주셨다는 것을요. 그래서 그 나라가 우리 가운데 자라고 있다는 것을요. 그리고 그 나라가 언젠가는 찬란한 모습으로 완성되리라는 것을요!

창조된 세상의 선善함

세상의 죄가 사람들의 모든 감각까지 마비시키지는 못했습니다. 비록 세상이 부조리해 보이고 자연 재해가 심각한 듯해도 하느님께서 창조하신 세상은 여전히 선한 것입니다! 땅에 사람의 힘든 노고를 더하면 그 땅은 소출을 내는 것처럼, 사람이 하느님의 법을 따르면 그 땅은 더 풍성한 열매를 맺는 이치가 아닐까요? 세상은 선한데 그 세상에 사는 인간이 선한 삶을 살지 않고 욕심과 남용, 증오와 전쟁을 일삼아 세상이 더럽혀진 것이지요. 선한 세상은 선하지 않은 사람 때문에 오염되고 병들고 마비되고 파괴되어 가는 것입니다. 하느님께서 창조하신 세상이 원래의 선함을 찾을 수 있도록, 서로 돕고 사랑하며 (하느님의 뜻대로 공존하며) 사는 사람들이 더 많아져야 하겠습니다. 그리스도인은 기꺼이 선한 사람의 대열에 합류하여 세상을 발전시켜 나가는 데 일조할 사람들입니다.

세상에 내재하는 무질서와 어두움에도 불구하고 신앙의 눈을 크게 뜨고, 하느님의 도우심 안에서 그분의 선하심과 인간과 세상의 선함을 찾아내도록 합시다! 하느님 나라에 대한 희망을 잃지 않고, 더 기쁘게 하느님의 뜻을 찾고 따르고 행하고자 노력합시다!

하느님의 휴식과 인간의 휴식

기원전 550년에서 450년 사이, 곧 유배 기간 중에 시작하여 유배 이후까지 그 이전부터 전승되어 온 여러 작품을 모으고 엮어서 최종적으로 편집한 것이 창세기라는 설명을 앞에서 드렸습니다. 그리고 1장과 2장은 세상의 시작 무렵에 하느님과 인간 및 여타 피조물 사이에 모든 것이 조화로운 상태에 있었음을, 당시 사람들이 체험한 부조화와 무질서, 미움과 죄악의 현실이 '처음부터 (원래) 하느님께서 원하신 방식이 아니었음을, 혹은 될 수가 없음'을 말한다고 했습니다.

그런데 이 대목에서 주목할 것은 창세기 1장과 2장이 '한 주간의 일곱 날'에 맞춰 구성되어 있다는 점입니다. 이는 글의 전체 흐름이 '하느님의 휴식'을 향해 있다는 말이기도 합니다.

하느님께서 이렛날에 복을 내리시고 그날을 거룩하게 하셨다. 하느님께서 창조하여 만드시던 일을 모두 마치시고 그날에 쉬셨기 때문이다.(창세 2,3)

창세기 저자는 하느님의 '휴식'을 언급하며 사람들도 휴식해야 하는 당위성을 암시하고 있습니다. 곧 지혜로운 하느님의 사람은 엿새 동안을 일했으면 이렛날에는 쉬는 것이 당연하다는 말이지요!

하느님 안식의 의미

창세기는 세상이 창조된 과정을 과학적으로 해명하는 책이 아닙니다. 창세기는 우선 하느님께서 세상을 창조하셨음을 고백하는 데 그 목적이 있으며, 나아가 이렛날에 쉬셨다는 데에 사목적인 의미를 개진하는 것입니다.

이스라엘 백성은 유배살이 중에도 안식일 규정에서 희망을 발견하였습니다. 그들은 안식일을 경건하게 지내며 (오늘날로 말하면 주일을 거룩히 지내며) 일찍이 그들을 이집트 종살이에서 벗어나게 해 주신 하느님께 감사와 찬미를 드리고, 주님의 휴식을 함께 맛본다는 데서 큰 행복을 느꼈습니다.

안식일을 기억하여 거룩하게 지켜라. 엿새 동안 일하면서 네 할 일을 다 하여라. 그러나 이렛날은 주 너의 하느님을 위한 안식일이다. …… 주님이 안식일에 강복하고 그날을 거룩하게 한 것이다.(탈출 20,8-11)

태초부터 인간은 땅을 가꾸고 일함으로써 자신의 위대함을 드러내 보였고, 오늘날에도 인간은 자신이 하는 일로 그의 위대성을 드러내 보이고 있습니다. 그런 인간이 조물주 하느님과 더불어 성스러운 휴식을 누린다는 것은 그 자체로 존엄하고 위대한 일로 이해할 수 있습니다.

'엿새를 일하고 하루를 쉬는 것'은 '새로운 창조를 위한 시간'이 아닐까 합니다. 사람이 아무리 열심히 일한다고 해도 그 일의 노예가 될 수는 없는 일입니다. 열심히 일하면서도 번잡함에서 벗어나 고요함 중에 하느님을 찾을 줄 알아야 하겠습니다. 그것이 우리가 가야 할 영원한 생명의 나라를 잘 준비하는 길입니다.

'하느님께서 보시니 참 좋았다'는 말씀의 의미

창세기는 하느님께서 세상을 창조하시고 쉬기 전에 하신 말씀을 다음과 같이 전하고 있습니다.

- 하느님께서 보시니 그 빛이 좋았다.(창세 1,4)
- 하느님께서 보시니 좋았다.(창세 1,10.12.18.21.25)
- 하느님께서 보시니 손수 만드신 모든 것이 참 좋았다.(창세 1,31)

창세기에 의하면, 하느님께서는 자신이 하신 일을 다섯 번에 걸쳐 '좋았다'고 하셨고, 여섯 번째는 (좋았다는 표현을 넘어) '참 좋았다'고 하셨습니다. 창세기의 저자는 이러한 표현으로 하느님께서 모든 피조물들을 만족스럽게 여기신다는 사실을 강조하고 있습니다. 저자의 의도는 "우리가 유배 중인 상황이지만, 하느님께서 우리들을 끝끝내 버리실 리는 없다!" "바빌론과 같은 대 제국도 세상을 창조하신 하느님의 섭리하심과 다스림 속에 있다!" "지금은 하느님께서 우리를 벌하시고 정화하시는 시련의 기간이니 달게 받아들이자!" 이런 것 아닐까요?

'참 좋았다'는 말은 '훌륭하다'는 뜻이고 '완벽하다'는 의미이죠. '하느님께서 바라시는 대로 다 되었다.'는 것을 의미합니다. 그렇다면 이 말은 하느님께서 창조하신 모든 피조물 속에 '조화와 질서가 내재'해 있고, '하느님의 위대한 뜻과 의도가 함께'

하고 있다는 뜻입니다. 즉 피조물은 '하느님께서 의도하신 대로' 이루어졌고, '하느님께서 원하신 목적에 따라' 존재하며, 따라서 모든 피조물과 우리 사람들 사이에는 '조화로움과 질서 정연함'이 있다는 것입니다.

"하느님께서 보시니 참 좋았다." 하느님께서는 존재하는 모든 선을 보시고 긍정적으로 말씀하셨습니다. 그런데 우리는 어떠한가요? 다른 형제자매들 안에서 좋은 점, 긍정적인 면을 보기보다 나쁜 점, 마음에 들지 않는 점, 부정적인 면을 먼저 보지는 않는지요? 보기만 하면 다행일 텐데, 그를 비판하고 뒷담화하고, 다른 이들 앞에서 험담까지 하는 건 아닌지요? 다른 이들의 선한 면을 볼 수 있는 우리 님들이 되셨으면 합니다. 결정적일 때까지는 판단을 유보합시다! 가능하다면 긍정적으로 생각합시다! 어떤 이에게 하나라도 좋은 점이 있다고 생각되면 그 부분을 부각하고 칭찬합시다! 서로를 칭찬하며 서로에게 힘이 되는 사람이 됩시다! 제발 쉽게 내뱉는 말로 서로에게 상처를 주지 맙시다!

2
원조元祖의 잘못과 하느님의 자비

선하신 하느님의 선악과善惡果

창세기 2장과 3장은 하느님께서 에덴동산을 만들고 당신께서 빚어 만드신 사람들을 살게 하셨는데, 그들이 죄를 지어 낙원에서 쫓겨나게 된 이야기를 전하고 있습니다. 여기서 창세기의 저자는 하느님께서 선한 분이시며, 하느님께서는 인간의 행복을 바라며 인간에게 적합한 법을 주셨으나 인간이 그 법을 지키지 않았음을 말하고 있습니다. 그러면서 창세기의 저자는 우리에게 아주 친숙한 언어로 하느님을 묘사합니다. 즉 하느님은 진흙으로 사람을 빚으시고 그 위로 몸을 굽혀 옹기장이처럼 일하십니다. 또 하느님은 인간의 고독을 걱정하고, 동산을 거니는 분으로 나타나십니다.

너는 동산에 있는 모든 나무에서 열매를 따 먹어도 된다. 그러나 선과 악을 알게 하는 나무에서는 따 먹으면 안 된다.(창세 2,16-17)

하느님께서는 인간에게 넘치는 아량을 보이셨는데 무슨 이유에서인지 한 그루의 나무만은 인간이 손대서는 안 된다고 선언하셨습니다. 그러면서 창세기의 저자는 하느님께서 끔찍한 말씀까지 덧붙이셨다고 소개합니다.

그 열매를 따 먹는 날, 너는 반드시 죽을 것이다.(창세 3,17)

선과 악을 안다 = 하느님처럼 안다

여기서 '선과 악을 알게 된다'는 셈족의 표현은 피조물로서의 인간이 자신에게 합당한 지식을 넘어 '선과 악을 결정 지음'을 의미합니다. 즉 인간이 자신의 한계를 넘어선 '초인간적인 지식을 얻게 되는 것, 곧 하느님처럼 알게 된다는 것'을 뜻합니다. 창세기의 표현 그대로 정말 인간이 선악과를 따먹음으로써 선과 악을 알게 된 것일까요? 만일 우리가 그렇게 이해한다면, 그것은 창세기 저자의 의도를 크게 벗어나는 것입니다.

창세기의 저자가 말하고자 하는 바는, '하느님을 믿고 그분께 순종을 드려야 할 인간이 그분이 주신 법에 어긋난 삶을 살았다는 것', 즉 '인간은 하느님의 뜻대로 선을 행하지 않고 그분께 거역하며 악을 저질렀다는 것'입니다. 결국 창세기의 저자는 '인간이 겪는 모든 불행과 고통과 죽음'을 '하느님께 대한 인간의 거역에서 나오는 죄과'로 이해하였다는 것을 의미합니다. 그러나 계속 이어지는 성경은 어떠합니까? '항구하게 이어지는 하느님의 사랑과 구원의 약속'을 우리들에게 전해주고 있습니다!

"사람이 혼자 있는 것이 좋지 않으니, 그에게 알맞은 협력자를 만들어 주겠다."(창세 2,18) 선악과를 따 먹어서는 안 된다고 하신 하느님께서는 온갖 짐승과 하늘의 새와 들짐승들을 사람에게 주셨습니다. 그리고 하느님께서는 사람이 자신에게 알맞은 협력자를 찾지 못하자 그의 갈빗대로 여자를 지어주셨습니다. 과연 남자와 여자는 하느님의 배려로 서로에게 알맞은 협조자가 되었습니다. 창세기는 결국 남자와 동등한 여자의 지위를 말하는 것이지요. 남자와 여자가 서로를 자신의 협조자로 바라보는 것, 바로 오늘날의 사회에서도 절실히 요구되는 시각 아닐까요? 창세기를 읽으면서 우리는 우리 가까이 오시는 하느님, 우리와 함께 하시는 하느님, 나와 친근한 하느님을 알아보게 됩니다. 이러한 하느님을 만나면서, 우리 자신 안에 벌어진 하느님과 관계의 역사를 돌아볼 수 있으면 좋겠습니다. 하느님께서 나에게 좋은 것들을 얼마나 많이 주셨습니까? 나는 하느님의 사랑에 어떻게 응답하며 살고 있습니까? 나의 양심 안에서 들려오는 '선을 행하고 악을 피하라!'는 하느님의 소리에 귀를 기울이고 있습니까? 매순간 하느님의 뜻을 따르고자 노력하며 살아갑시다!

인간의 죄악과 하느님의 구원 의지

창세기 2장과 3장의 이야기를 계속해서 살펴봅니다. 세상을 창조하고 인간에게 맡겨주신 하느님의 사랑에 대하여 인간은 배은망덕한 행동을 합니다. 인간은 하느님의 사랑으로부터 멀어져서 죄를 범하고, 그렇게 생겨난 죄는 더욱 커져 갑니다. 창세기 저자는 피조물인 인간이 자신을 창조하신 하느님 앞에서 한계를 인정하지 않음으로써 이러한 죄가 극에 달하게 되었음을 보여 줍니다. 그러한 관점에서 펼쳐지는 이야기가 창세기 7장 이후의 '노아의 홍수'입니다.

창세기 저자는 고대에 널리 퍼져 있던 홍수 설화의 무대를 창세기의 배경으로 설정하되, 그 이야기를 '하느님의 구원 계획 안에서'라는 새로운 의미로 해석하고 있습니다. 즉 인간은 하느님과의 경계를 무시하고 자신이 하느님처럼 되고자 하는 오만함으로 죄를 지었고, 그로 인해 돌이킬 수 없는 인간의 죄악에 대해 하느님의 벌하심이 있었고, 그럼에도 불구하고 '인간을 구원하시려는 하느님의 구원 의지'는 변함이 없었다는 것입니다.

최초의 복음 : 창세기 3장 15절

창세기는 에덴동산에서 쫓겨나 아무런 희망도 없이 절망에 빠진 인간에게 희망을 주시는 하느님의 말씀을 전합니다. 하느님께서 뱀에게 하신, 곧 사탄에게 하신 이 말씀을 성서학자들은 '하느님께서 인간에게 주신 최초의 복음'으로 이해하고 있습니다.

> 나는 너와 그 여자 사이에, 네 후손과 그 여자의 후손 사이에 적개심을 일으키리니 여자의 후손은 너의 머리에 상처를 입히고 너는 그의 발꿈치에 상처를 입히리라.(창세 3,15)

여기서 '여자의 후손'이란 천주교와 개신교 모두 동일하게 '예수 그리스도'로 이해하는 내용이고, 그래서 이를 '첫 복음' 혹은 '원복음'原福音이라고 합니다.

첫 인간들이 하느님을 배반하였을 때부터 하느님께서는

그들을 구원하고자 '첫 복음'을 내려 주셨습니다. 인간은 자신의 죄로 인해 하느님께서 내리시는 벌을 감수해야만 하는 불행의 시간을 통해, 그때부터 '구세주에 대한 희망'을 갖게 되었습니다. 자비로우신 하느님께서는 인간 마음속에 구원에 대한 기대를 싹트게 하신 것이지요.

첫 인간의 죄 : 하느님께 대한 불순종(창세기 3장)

첫 인간이 저지른 죄는 한마디로 '하느님께 대한 불순종'이었습니다. '하느님을 알면서도 그분께 불순종하는 이러한 죄'는 '오늘날에도 계속되는 우리 모두의 죄'이기도 합니다. 즉 태초에 있었던 죄는 '태초 당시에 있었던 죄'뿐만 아니라 '그때부터 지금까지 계속되어 온 죄'라는 것입니다. 우리는 창세기 저자가 첫인간이 범한 최초의 죄를 소개하면서 그 죄 이후에 계속되고 있는 사람들의 죄에 관심을 두고 있음을 알 수 있습니다.

"하느님께서 '너희는 동산의 어떤 나무에서도 열매를 따 먹어서는 안 된다."고 하셨다는데 정말이냐?(창세 3,1)

밤은 음흉하게도 하느님을 불합리한 명을 하시는 분으로

제시하며 인간이 그분을 거역하도록 유혹합니다.

"우리는 동산에 있는 나무 열매를 먹어도 된다. 그러나 동산 한가운데에 있는 나무 열매만은, '너희가 죽지 않으려거든 먹지도 만지지도 마라.' 하고 하느님께서 말씀하셨다."(창세 3,2-3)

여자는 '만지지도 마라'는 말을 덧붙임으로써 하느님을 더 가혹한 분으로 바꾸며 과장합니다. 넘치도록 풍성하신 하느님의 관대하심을 외면하고, 오로지 금지된 한 가지에만 집중하는 여자의 생각은 점점 더 비뚤어져 마침내 금단의 열매를 따 먹고, 남자와 함께 죄를 범하게 됩니다. 이렇게 태초 인간의 범죄 이야기는 '모든 것을 다 알지는 못하도록 되어 있는 자신의 신분'을 거부한 피조물 인간의 죄를 전해 주고 있습니다.

피조물 이상의 것이 되고자 함으로써 하느님까지 거부해 버린 인간의 죄는 지금도 계속되고 있지 않는지요? 우리는 매일의 삶 속에서 얼마나 자주 하느님 앞에 등을 돌리는 죄를 짓고 있습니까? 창세기를 묵상하며 나의 죄를 반성하고 크신 하느님의 사랑에 맞갖은 응답을 드리며 살기를 다짐합시다! 하느님의 자비로우심에 연약한 우리를 맡겨드려야 하겠습니다.

카인의 범죄(창세기 4장)

아담과 하와에게서 두 아들이 태어났는데, 형 카인은 자라서 땅을 부치는 농부가 되고, 동생 아벨은 자라서 양치기가 되었습니다. 그리고 세월이 흘러 두 형제는 주님께 제물을 바쳤는데, 주님께서 아벨과 그의 제물만 반기시자, 이에 카인은 몹시 화를 내었습니다. 주님께서 왜 그러셨을까요? 이스라엘 조상들이 원래 유목민이었으니 그런 식으로 이야기를 풀어나갔다고 볼 수도 있겠지만 성경은 정확한 답을 알려 주지 않습니다. 하지만 우리는 성경이 들려주는 주님의 말씀에서 카인의 잘못을 유추해 볼 수 있습니다.

너는 어찌하여 화를 내고, 어찌하여 얼굴을 떨어뜨리느냐? 네가 옳게 행동하면 얼굴을 들 수 있지 않느냐? 그러나 네가 옳게 행동하지 않으면, 죄악이 문 앞에 도사리고 앉아 너를 노리게 될 터인데, 너는 그 죄악을 잘 다스려야 하지 않겠느냐?(창세 4,6-7)

그렇다면 카인은 어떤 잘못을 저질렀던 것일까요? 아담과 하와처럼 카인도 사물을 있는 그대로 받아들이려 하지 않습니다. 카인은 자신을 하느님께서 창조하신 피조물로 보려하지 않았으며, 하느님께서 자신의 하느님으로 계심을 인정하지 않았습니다. 카인은 맏아들이 동생들보다 우선이어야 한다고 생각했고, 그런 인간적 기준을 하느님도 따라야 한다고 생각했습니다. 그러면서 '형은 동생들을 보호해야 한다.'는 인간의 법칙을 무시하고 동생을 죽이는 엄청난 죄를 짓게 됩니다. "제가 아우를 지키는 사람입니까?" 카인은 동생을 가엾게 여기지 않았고, 모든 것을 다 아시는 하느님 앞에서 자신의 범죄를 고백하기는커녕 인정하지도 않았습니다.

자신이 살던 땅을 동생의 피로 물들인 카인은 주님의 말씀을 듣습니다. '이제 그곳에서 더 이상 수확을 얻지 못하고 세상을 떠돌며 헤매는 신세가 될 것'이라고 말입니다. 그럼에도 주님께서는 '그 형벌이 자신에게 너무 과하고, 자신의 목숨이 위태롭게 될 것'이라며 호소하는 카인에게 표를 찍어 보호해 주시고, 그를 해치는 자는 누구든 보복하겠다고 약속하셨습니다. 주님께서 죄인인 카인에게 자비를 베푸셨지요.

카인과 아벨의 이야기는 하느님 앞에서 피조물인 우리의 처지를 제대로 받아들여야 한다는 것과, 인간이 하느님을 주님으로 인정하지 않고 자신의 입장만 고집하여 그분의 처신을 거부할 때는 죄로 이어지게 됨을 말해줍니다. 사람들 사이에서 흔히 생겨나는 질투와 그로 인한 크고 작은 잘못들은 어떠한가요? 카인은 자신의 영역을 벗어난 일을 받아들이지 못하고 질투심에 사로잡혀 동생까지 죽이는 죄를 범하였습니다.

나를 화나게 하고 힘들게 하는 질투심은 어떻게 생겨났을까요? 그러한 마음의 원인은 대개 남이 아니라 나의 부족함에 있는 것이 아닐까 싶습니다. 크신 하느님 앞에서 나 자신을 있는 그대로 받아들이고, 나의 부족함도 솔직하게 인정하는 우리 자신이 됩시다! 죄의 뿌리가 되는 질투심을 극복합시다!

악의 기원은 하느님이 아니다!

앞에서 살펴본 창세기 앞부분은 '은혜롭고 아름다운 세상과 인간의 창조 이야기'에 이어 '인간의 죄악상'罪惡相을 전하고 있습니다. '인간에게 생명을 주시고 세상을 맡겨주신 하느님과의 사랑 이야기'가 아니라 '하느님께 대한 인간의 잘못을 드러낸 역사'입니다. 이러한 창세기 이야기에서 성경을 기록한 저자의 의도가 잘 드러나 있습니다. 즉 성경의 저자는 매일 매일 유혹이 끊이지 않고 쉽게 죄에 떨어지고 마는 현실 속에서 '악의 기원을 하느님께 두려는 인간들의 사고방식'이 잘못되었음을 분명하게 서술하고 있는 것입니다.

'악의 현실에 대한 책임'을 자신이 아니라 남에게, 또는 자신을 내신 하느님께 전가하려는 태도는 오늘날의 우리들에게도 만연해 있는 듯합니다. 그러한 태도와 생각으로 하느님을 원망하고 나아가 하느님을 부정하는 사람들이 적지 않은 것입니다. 그러나 창세기가 가르치고 있는 것은 우리 안에 있는 악의 현실을 결코 부정할 수 없다고 하더라도, 그 악은 어디까지나 하느님께서 만드신 것이 아니라 우리 안에서 시작되었다는 것입니다. 결국 악은 하느님과 인간 사이에 존재했던 사랑과 신뢰의 관계가 잘못되고 왜곡되어 시작되었다는 것, 인간은 하느님을 불신하고 나아가 하느님처럼 되어 보려는 오만한 마음으로 그분의 말씀을 거역하는 죄를 범하고 말았다는 것입니다.
내 안에서 발견하는 악은 하느님께서 만들어 심어두신 것이 아니라, 대부분 나의 부족함과 욕심이 원인이거나 스스로 용인했기에 생겨난 것이 아닐까요? 내 안의 악을 들여다보고, 그 악의 실체를 잘 알고 계시는 하느님께 간구합시다. “선하신 하느님, 제가 악에 굴복하지 않고 당신의 선하심으로 악에 저항할 수 있도록 도와주소서!”

3
노아의 홍수 이야기가 전하는 교훈教訓

노아의 홍수에서 드러나는 하느님의 사랑

주님께서는 사람들의 악이 세상에 많아지고, 그들 마음의 모든 생각과 뜻이 언제나 악하기만 한 것을 보시고, 세상에 사람을 만드신 것을 후회하시며 마음 아파하셨다. 그래서 주님께서 말씀하셨다. “내가 창조한 사람들을 이 땅 위에서 쓸어버리겠다. 사람뿐 아니라 짐승과 기어 다니는 것들과 하늘의 새들까지 쓸어버리겠다. 내가 그것들을 만든 것이 후회스럽구나!”(창세 6,5-7)

이어지는 창세기 6장 이후의 홍수 이야기는 인간을 창조하신 것을 후회하고 그 죄에 대한 벌을 내리시는 하느님을 묘사하고 있습니다. 전능하고 완전무결하신 하느님께서 후회를 하시다니요! 하느님께서 실수로 세상을 만드셨을까요? 창세기가 말하고자 하는 것은 완고한 인간으로 말미암아 사랑이 충만하신 하느님께서 심판을 내리실 수밖에 없는, 그 정도로 땅

위의 인간들 상황이 심각하였다는 것입니다.

그렇게 세상에 심판을 내린 하느님이시지만 그 다음 어떠하셨나요? 노아의 가족만은 살리시고 그를 통해 제물을 받으신 주님께서는 마음속으로 "사람의 마음은 어려서부터 악한 뜻을 품기 마련, 내가 다시는 사람 때문에 땅을 저주하지 않으리라."(창세 8,21) 다짐하시고 다음과 같이 말씀하셨습니다.

내가 너희와 내 계약을 세우니, 다시는 홍수로 모든 살덩어리들이 멸망하지 않고, 다시는 땅을 파멸시키는 홍수가 일어나지 않을 것이다.(창세 9,11)

노아의 홍수 이야기는 인류 최초의 신화로 알려진 '길가메쉬 서사시'의 영향을 받았다는 주장이 있습니다. 기원전 3000년경 고대 메소포타미아 남부인 오늘날 이라크 지방에 살던 수메르인들에서 유래한 이야기로, 노아의 홍수와 유사한 설화를 담고 있다는 것입니다.
창세기가 그 당시 팔레스티나에 널리 퍼져 있었던 '길가메쉬 서사시'같은 홍수 설화의 스토리를 차용했더라도, '죄를 지은 인간이 하느님 앞에 나아와 통회하고 사죄'한다는 내용보다 더 중요한 것이 있습니다. 그것은 하느님께서 다시는 홍수를 내리시지 않겠다고 다짐할 정도로 인간에 대해 끊을 수 없는 연민과 자비로 충만한 분이라는 것을 보여 준 점입니다.

죄를 범할 때마다 하느님의 이러한 마음을 헤아리고 통회하면서 하느님의 사랑과 자비에 응답하는 삶을 지속하는 님들 되시기를 소망합니다.

달라도 너무 다른 노아의 두 아들

창세기의 저자(야훼계)는 홍수 후에도 여전히 죄를 범하는 노아의 아들 이야기를 전하며 인간의 본성에 깊이 파고 든 죄의 실상을 보여 줍니다.

노아로 말하자면 포도밭을 가꾸는 첫 농부였습니다. 어느 날 노아가 포도주를 마시고 취하여 벌거벗은 채 자신의 천막 안에 누워 있었는데, 그것을 본 아들 '함'이 밖에 있던 두 형제에게 알립니다. 그리고 '셈'과 '야펫'은 조심스럽게 겉옷을 덮어 줍니다. '함'은 술에 취해 누워있던, 그것도 자신의 천막 안에 잠들어 있던 아버지의 부끄러운 모습을 보고, 다른 형제들에게도 알린 것입니다. 그리하여 아버지 노아는 실상 윤리적으로 비난받을 어떤 잘못을 범한 것은 아니지만, 자신의 아들에게 웃음거리가 되는 아픔을 겪게 됩니다.

방주에서 나온 노아의 아들은 셈과 함과 야펫이다. 함은 가나안의 조상이다. 이 셋이 노아의 아들인데, 이들에게서 온 땅으로 사람들이 퍼져 나갔다.(창세 9,18-19)

이 이야기에서 아버지의 부끄러운 모습을 형제들에게 알린 아들 '함'이라는 이름은 이집트인들이 가졌던 이름 중 하나였습니다. '함'이라는 이름에서 그가 아브라함의 후손과는 다른 출생의 기원을 가진 것은 아닌가 하는 합리적인 의심을 갖게 합니다. 창세기는 이 이야기를 통하여 노아의 아들인 '함'이 어떻게 이방 민족인 가나안족의 조상이 되었나를 전해 주고 있는 것입니다.

노아는 술에서 깨어나 작은아들이 한 일을 알고서, 이렇게 말하였다. "가나안은 저주를 받으리라. 그는 제 형제들의 가장 천한 종이 되리라." 그는 또 말하였다. "셈의 하느님이신 주님께서는 찬미받으소서. 그러나 가나안은 셈의 종이 되어라."(창세 9,24-26ㄱ)

아버지의 알몸을 존중한 아들들에게는 하느님의 축복이 따랐던 반면에, 그렇지 않은 아들에게는 저주가 내려졌습니다. 이렇게 창세기는 서로 다른 길을 걸었던 두 아들 사이의 엄청난 차이를 전해 주고 있습니다.

또한 창세기는, 죄를 범하기 전에는 알몸이면서도 부끄러움을 몰랐던 사람들이 이제 (범죄 후) 피조물로서의 본질을 선한 것으로 받아들이지 못하고 죄의 사슬에 얽매이게 된 그러한 현실의 아픔도 함께 보여 주고 있습니다. 여기에 관한 말씀이 "그들은 (셈과 야펫은) 얼굴을 돌린 채 아버지의 알몸을 보지 않았다."(창세 9,23ㄴ)는 대목입니다. 아버지의 알몸을 보고 부끄러워했다는 것에서 태초의 사람과 하느님이 주고 받았던 말씀을 떠올리게 됩니다.

- 제가 알몸이기 때문에 두려워 숨었습니다.(창세 3,10)
- 네가 알몸이라고 누가 일러 주더냐? 내가 너에게 따 먹지 말라고 명령한 그 나무 열매를 네가 따 먹었느냐?(창세 3,11-12)

이 이야기는 남의 흉을 조금이라도 이해하고 감싸주려하기보다 먼저 욕하고, 비난하고, 험담하고, 뒷담화하고, 다른 이에게 계속 나발을 불어대기 좋아하는 우리의 악한 면, 혹은 모순되는 면을 꼬집어 전하는 것처럼 보입니다.

내가 남의 허물과 실수에 대해 관대하지 않고, 웃음거리로 삼거나 비난거리나 가십거리, 혹은 이야기거리나 안주거리로 삼는다면 어떻게 될까 생각해 보면 좋겠습니다. 훗날 모든 것을 다 아시는 하느님 앞에서 나의 판단이 잘못되었음이 드러나면 어떻게 할 건가요? 어쩌면 그런 나는 내가 흉본 사람의 종 신세가 될 수도 있는 것입니다.

남의 얘기하기를 너무 좋아하지 맙시다. 남을 흉보는 일은 더 삼가려고 애씁시다. 낮말은 새가 듣고 밤말은 쥐가 듣는다고 하지만, 하느님은 늘 듣고 계시고 안 들어도 아십니다!

4
바벨탑 이야기

바벨탑의 배경

자, 성읍을 세우고 꼭대기가 하늘까지 닿는 탑을 세워 이름을 날리자. 그렇게 해서 우리가 온 땅으로 흩어지지 않게 하자.(창세 11,4)

창세기 11장의 바벨탑 이야기가 주는 교훈은 무엇일까요? '바벨'Babel이라는 말은 본디 아카드어로 '밥 일라니'bab ilani, 즉 '신들의 문'이라는 단어에서 유래하였습니다. 여기 바벨탑 이야기에서는 '뒤섞다' '어지럽히다' '혼란하게 하다'는 뜻을 지닌 동사 '발랄'balal과 관련되어 사용되고 있습니다. 창세기를 비롯한 모세오경이 기원전 597~538년 바빌론 유배를 계기로 기록되었다고 볼 때, 바벨탑 이야기는 '바빌론 제국'을 염두에 둔 것으로 여겨집니다. 바빌론은 당시 많은 나라를 수중에 넣고 세계를 지배하려는 야망을 지닌 대제국으로서, 탑과 높은 건축물로 유명한 나라였습니다. 또 "그리하여 그들은 돌 대신 벽돌을 쓰고, 진흙 대신 역청을 쓰게 되었다."(창세 11,3ㄴ)고 한 성경의 기록대로 건축용 석재는 부족했지만 대신 벽돌과 역청이 풍부한 나라였습니다.

온 세상이 같은 말을 하고 같은 낱말들을 쓰고 있었다.(창세 11,1)

창세기 저자는 바벨탑의 배경으로 '세상 모든 사람들이 하나의 언어를 쓰는 꿈과 같은 이상理想'을 제시하고 있습니다. 그러나 곧 인간은 서로 알아들을 수 없는 많은 언어를 사용하게 되는데(이상과는 너무나 다른 현실의) 그 원인으로 교만한 인간이 하느님을 모르는 채 높은 탑을 세웠기에 그러한 결과로 분열이 이어졌다는 해석을 내놓고 있습니다.

하느님을 외면한 사람들의 꿈과 이상理想

그렇게 해서 우리가 온 땅으로 흩어지지 않게 하자.(창세 11,4)

같은 말을 쓰는 인간들은 서로 흩어지지 않고 함께 살고자 하였습니다. 공생共生과 일치一致를 향한 인간의 꿈과 이상은 처음에는 좋았던 것 같습니다. 그런데 과연 무엇이 문제였을까요?

보라, 저들은 한 겨레이고 모두 같은 말을 쓰고 있다. 이것은 그들이 하려는 일의 시작일 뿐, 이제 그들이 하고자 하는 것은 무엇이든 못할 일이 없을 것이다. 자, 우리가 내려가서 그들의 말을 뒤섞어 놓아, 서로 남의 말을 알아듣지 못하게 만들어 버리자.(창세 11,6-7)

창세기는 마치 하느님께서 사람들의 일치와 그로 인한 행동을 두려워 한 나머지 사람들을 흩어지게 하고 성읍을 세우던 일을 그만두게 한 것처럼 묘사하고 있습니다. 하느님이 심술쟁이라서 그러셨을까요? 창세기의 저자는 하느님의 존재를 무시한 채 자기 나라들만의 번영을 꾀한 사람들의 잘못된 욕망을 지적합니다. 나아가 하느님 없는 일치를 추구한 사람들을 잘못되었다고 질책하고 있는 것입니다.

세상 사람들이 흔히 추구하는 번영은 하느님의 존재를 무시하고서 이루어질 수 없습니다. 세상의 발전은 하느님에 대한 인식과 긍정 안에서 이루어질 때 모든 사람을 행복하게 하는 진정한 발전으로 이어지게 됩니다.

신앙생활도 마찬가지입니다. 하느님을 망각하고 추구하는 신앙인들의 행복과 발전, 그리고 하느님을 외면하고 시도하는 신자들의 일치와 친교는 불완전할 수밖에 없고 나약할 수밖에 없는 것입니다. 레지오 마리애 쁘레시디움을 비롯한 본당 내 제단체들의 진정한 일치와 발전도 2차 주회와 같은 회식과 단합에 있기보다는 하느님을 중심으로 하는 기도와 복음 나누기, 곧 복음적 친교와 같은 '신앙信仰의 시간時間'에 있음을 잊지 말았으면 합니다!

5
아브라함에 대한 하느님의 축복과 그와의 계약

아브라함에 대한 하느님의 부르심

창세기 12장부터 믿음의 성조 아브라함 이야기가 본격적으로 시작됩니다.

네 고향과 친족과 아버지의 집을 떠나, 내가 너에게 보여 줄 땅으로 가거라. 나는 너를 큰 민족이 되게 하고, 너에게 복을 내리며, 너의 이름을 떨치게 하겠다. 그리하여 너는 복이 될 것이다. 너에게 축복하는 이들에게는 내가 복을 내리고, 너를 저주하는 자에게는 내가 저주를 내리겠다. 세상의 모든 종족들이 너를 통하여 복을 받을 것이다. 아브람은 주님께서 이르신 대로 길을 떠났다. 롯도 그와 함께 떠났다. 아브람이 하란을 떠날 때, 그의 나이는 일흔다섯 살이었다.(창세 12,1-4)

아브라함은 자신이 살던 곳을 떠나 낯선 곳으로 길을 떠나야 했습니다. 창세기는 아브라함이 가족을 이끌고 가나안 땅을 향하여 길을 떠나, 마침내 약속의 땅에 이르렀다고 기록하고 있습니다. '하란'은 '교차로'라는 뜻으로, 과거 메소포타미아 북부의 교통 중심이 된 도시입니다. 오늘날의 터키 남동부의 시리아 접경지대에 해당합니다. 하란에서 가나안에 이르는 길은 약 500킬로미터에 이르는 거리입니다. 오늘날 차로 가더라도 500킬로미터라면 만만한 길이 아니죠. 당시로서는 엄청나게 멀고도 험한 길이었고, 뿐만 아니라 위험천만한 여정이었습니다. 더구나 아브라함은 기력이 약한 늙은 몸으로, 그야말로 목숨을 걸고 길을 떠났던 것이지요.

하느님의 말씀만을 믿고 목숨 걸고 길을 나선 아브라함에게서 우리 신앙의 모범을 봅니다. 우리의 신앙도 아브라함처럼 목숨을 걸고 길을 나서는 여정과 비슷하지 않을까요? 하느님께서 약속하신 훗날의 영원한 생명을 굳게 믿고 희망한다면, 그것을 위해 지금의 목숨을 거는 투신의 생활이 필요하지 않겠습니까!

아브라함의 응답에 대한 하느님의 축복

- 내가 이 땅을 너의 후손에게 주겠다.(창세 12,7)
- 그는 그곳에 주님을 위하여 제단을 쌓고, 주님의 이름을 받들어

불렀다.(창세 12,8)

자신의 정든 고향과 친족을 남겨두고 주님께서 이르신 대로 하란을 떠나 가나안으로 향했던 아브라함의 여정은 결코 순탄하지 않았고, 위험이 가득한 힘든 길이었습니다. 하느님께서는 그렇게 길을 떠난 아브라함에게 그의 후손으로 이어지게 될 땅의 상속을 약속하셨습니다. 그토록 험한 길을 걸으면서도 그 여정에서 주님께 정성스럽게 제사를 지내고 그분을 찬양하는, 곧 주님께 감사하는 마음으로 모든 것을 다 맡겨드리는 자세를 잃지 않았던 아브라함. 하느님은 그에게 풍성한 축복을 내리셨습니다. “네 목숨을 걸고 길을 나서라.” 하셨던 하느님께서 아브라함에 대한 축복의 약속을 잊지 않으셨습니다. 자신의 목숨을 건 힘든 여정에서도 감사의 제사를 봉헌하며 당신의 길에 변함 없는 충실을 보인 아브라함에게 하느님께서 축복으로 응답하신 것입니다.

하늘과 땅을 지으신 분 지극히 높으신 하느님께 아브람은 복을 받으리라. 적들을 그대 손에 넘겨주신 분 지극히 높으신 하느님께서는 찬미받으소서.(창세 14,19-20)

살렘(예루살렘의 옛 이름으로 추정) 임금 '멜키체덱'은 '조카 롯과 그 일행들'을 적들의 손아귀에서 용감하게 구한 아브라함에게 하느님의 축복을 전합니다. (참고로, '찬미받으소서'는 히브리 말로 '복을 받으리라'와 같은 말입니다.)

우리의 신앙생활은 하느님의 부르심에 대한 나의 응답으로 이루어집니다. 나의 목숨을 걸고 미지의 세계를 향해 길을 나서는 자세가 그것입니다. '믿음의 조상' 아브라함을 본받아 신앙의 응답에 충실한 내가 될 때, 훗날 하느님의 크신 축복이 함께 할 것입니다. 내 삶의 순간순간에 들려오는 하느님의 말씀에 나는 어떤 응답을 드려야 할까요?

아브라함에게 큰 상을 약속하시는 하느님

아브람아, 두려워하지 마라. 나는 너의 방패다. 너는 매우 큰 상을 받을 것이다.(창세 15,1)

아브라함은 환시를 통해 큰상을 주겠다는 하느님의 말씀을 들었습니다. 하지만 아브라함은 '내게는 자식이 없어 전 재산을 종에게 물려주게 되었는데, 아무리 큰 상을 받아본들 그것이 기뻐할 일인가?' 하는 반응을 보였습니다. 아브라함은 친아들이 없어 종 가운데 한 명에게 법적 상속자의 지위를 주어야 하는 자신의 안타까운 처지를 한탄한 것이지요. 이에 하느님은 아브라함의 몸에서 나온 아이가 상속자가 될 것이라고 일러주시고, 그를 밖으로 데리고 나가 별이 쏟아지는 밤하늘을 보여 주며 말씀하셨습니다.

너의 후손이 저렇게 많아질 것이다.(창세 15,5)

창세기 15장에서 전하는 하느님의 약속은 이미 12장에서 아브라함이 하느님으로부터 부르심을 받을 때 들은 약속과 맥락을 같이 하고 있습니다.

나는 너를 큰 민족이 되게 하고, 너에게 복을 내리며, 너의 이름을 떨치게 하겠다. 그리하여 너는 복이 될 것이다.(창세 12,2)

그러나 하느님께서 아브라함에게 약속하신 축복은 곧바로 이루어지거나 때가 되면 쉽게 실현되는 것이 아니었습니다.

그것은 아브라함이 그야말로 힘들고도 힘든 시련의 시기를 거쳤을 때 받게 될 축복을 미리부터 예고하는 약속이었습니다.

시련 중에도 계속되는 하느님의 축복

아브라함의 삶을 돌아봅시다. 그는 일흔 다섯의 나이에 500킬로미터나 떨어진 먼 곳을 향해 '그야말로 목숨을 걸고' 나아가야 했습니다. 겨우 약속의 땅인 가나안 지방에 이르렀지만 그곳에 심한 기근이 들어 다시 이집트로 가서 '나그네살이를 감내해야' 했습니다. 그리고 낯선 나라에서 살아남기 위해 아브라함은 아내 사라를 누이라고 속였고, 그녀를 파라오의 아내로 삼게까지 하였습니다. 누가 봐도 아름다운 아내를 팔아 자신의 목숨을 보전하는 술수를 쓴 것이지요. 그런 만큼 아브라함이 견뎌야 했던 수치도 엄청났으리라 생각됩니다.

이러한 시련 속에서도 하느님의 도우심은 계속되었다고 창세기는 전하고 있습니다. "아브람은 가축과 은과 금이 많은 큰 부자였다."(창세 13,2)고 하는 창세기의 표현을 통해 하느님이 아브라함에게 내리신 물질적인 축복을 헤아릴 수 있습니다. 기근과 목숨을 위협받는 어려움 속에서도 큰 부를 축적하고 다시 약속의 땅으로 올라간 아브라함에게 하느님은 또 축복의 말씀을 하셨지요.

눈을 들어 네가 있는 곳에서 북쪽과 남쪽을, 또 동쪽과 서쪽을 바라보아라. 네가 보는 땅을 모두 너와 네 후손에게 영원히 주겠다. 내가 너의 후손을 땅의 먼지처럼 많게 할 것이니, 땅의 먼지를 셀 수 있는 자라야 네 후손도 셀 수 있을 것이다.(창세 13,14-16)

우리는 하느님께서 아브라함에게 하신 이 약속의 말씀이 훗날 아브람 후손들에게 주어진 축복임을 알고 있습니다. 바벨탑이 무너짐으로 말미암아 뿔뿔이 흩어졌던 세상 사람들이 아브라함 안에서 하느님 축복의 약속을 듣게 된 것처럼, 우리도 온갖 고난을 이겨낸 아브라함의 믿음을 본받아 하느님 축복에 대한 희망을 놓지 말았으면 합니다. 시련은 잠시이나 기쁨은 영원하니까요!

하느님이 아브라함과 맺으신 계약의 내용

주님께서 "나는 주님이다. 이 땅을 너에게 주어 차지하게 하려고, 너를 칼데아의 우르에서 이끌어 낸 이다."(창세 15,7)라고 말씀하시자 아브라함이 "주 하느님, 제가 그것을 차지하리라는 것을 무엇으로 알 수 있겠습니까?" 하고 묻습니다. 그때 주님께서는 아브라함에게 하신 말씀으로 계약을 맺으셨습니다.

삼 년 된 암송아지 한 마리와 삼 년 된 암염소 한 마리와 삼 년 된 숫양 한 마리, 그리고 산비둘기 한 마리와 어린 집비둘기 한 마리를 나에게 가져오너라.(창세 15,9)

하느님께서 명하신 대로 아브라함은 그 모든 짐승들을 데려왔고, 날짐승들을 제외한 짐승들을 반으로 자르고, 그 반쪽들을 마주 보게 차려 놓았습니다. 그리고는 그들 위로 날아드는 맹금들을 쫓아내기에 여념이 없었습니다. 이윽고 해 질 무렵, 잠결에 공포와 짙은 암흑에 휩싸인 채로 아브라함은 하느님의 말씀을 듣게 됩니다. 아브라함의 후손이 장차 남의 나라에서 나그네살이하며 사백 년 동안 종살이를 하고 학대를 받지만, 마침내는 많은 재물을 모으고 종살이에서 벗어나리라는 것과 아브라함이 장수를 누리다가 평화로이 조상들에게 돌아가리라는 예언적인 내용이었습니다.

쪼개진 짐승들 사이를 지나가신 하느님

짐승의 피와 주검이라는 살벌한 분위기 속에서 맺어진 하느님과 아브라함의 계약이 계속 인상 깊게 전개됩니다. 창세기는 마치 중계방송을 하듯 이렇게 전하고 있습니다.

해가 지고 어둠이 깔리자, 연기 뿜는 화덕과 타오르는 횃불이 그 쪼개 놓은 짐승들 사이로 지나갔다. 그날 주님께서는 아브람과 계약을 맺으시며 이렇게 말씀하셨다. "나는 이집트 강에서 큰 강 곧 유프라테스 강까지 이르는 이 땅을 너의 후손에게 준다."(창세 15,17-18)

"화덕이 연기를 뿜고 불이 타오르며 쪼개 놓은 짐승들 사이로 지나갔다."는 것은 하느님께서 그런 행동을 통해서 아브라함과 직접 계약을 맺으셨음을 의미합니다. 이는 곧 하느님께서 아브라함에게 한 약속을 지키지 않으신다면 당신도 그 짐승들처럼 두 동강이 나도 좋다는, 비장한 의지를 나타내는 것입니다. 하느님께서 아브라함을 짐승들 사이로 지나가게 하신 것이 아닙니다. 하느님께 충성을 다 하지 않으면 아브라함이 그렇게 된다는 것이 아니라 하느님 자신이 그렇게 된다는 것이었지요!

아브라함과 계약을 맺으며 보이신 하느님의 행동은 당신의 아들 예수 그리스도께서 바친 피의 제사로 맺으신 신약의 계약을 연상시킵니다. 즉 하느님께서는 인간을 위해 당신의 아들을 보내어 새로운 계약을 맺는 제사를 바침으로써 당신 친히 제관과 제물이 되신 것입니다.

하느님께서 자신을 봉헌하시는 제사가 오늘날에도 재현되는 것이 미사입니다. 그러므로 우리는 미사를 통해 우리 구원을 위한 계약이 날마다 새롭게 맺어지고 있음에 감사하며 자신을 봉헌하는 마음으로 미사에 참례해야 합니다.

아브라함과 그 후손으로 이어지는 하느님의 약속으로 말미암아 이스라엘 백성과 맺어진 구약의 계약은 하느님의 비장한 결의로 이루어진 것이고, 이는 당신의 아들 예수 그리스도께서 십자가에서 바치신 피의 제사를 통해 신약의 계약으로 이어졌습니다. 우리는 이러한 신약의 계약을 기반으로 세워진 교회의 일원입니다. 그렇다면 죽을 각오로 약속에 대한 이행을 강조하시는 하느님의 말씀에 우리도 결의에 찬 신뢰와 순명을 드려야 하지 않을까요? 변함없는 하느님의 약속을 두고 하루에도 몇 번씩 쉽게 변하는 나약한 우리들이 되지 않도록 신앙의 정신에 더 충실하기를 다짐합시다!

하느님이 맺으시는 계약 : 의무보다 축복

창세기 17장은 아브라함이 아흔아홉 살이 되었을 때, 하느님께서 아브라함에게 나타나 이렇게 말씀하셨다고 전합니다.

나는 전능한 하느님이다. 너는 내 앞에서 살아가며 흠 없는 이가 되어라. 나는 나와 너 사이에 계약을 세우고, 너를 크게 번성하게 하겠다. …… 너와 맺는 내 계약은 이것이다. 너는 많은 민족들의 아버지가 될 것이다.(창세 17,1-4)

앞서 15장에서 전하는 '하느님과 아브라함 사이의 계약'과 유사한 내용이지요. 보통 계약이라면 둘 사이에 이루어지는 것으로 상호 의무를 지지만, 여기서의 계약은 하느님의 일방적인 선물로 묘사되고 있습니다. 즉 하느님께서는 아브라함에게 계약금이나 보증금과 같은 특별한 요구 조건 없이 오로지 자유로운 당신 사랑의 호의로 장차 축복을 내리겠다고 약속하신 것입니다.

하느님의 요구로서의 할례 : 선택된 민족의 표징

물론 하느님께서 계약을 맺으며 요구하시는 바가 전혀 없지는 않습니다. 하느님의 요구 중 하나는, 남자들이(약간의 피를 보며) 할례를 받는 것이었습니다.

나와 너희 사이에, 그리고 네 뒤에 오는 후손들 사이에 맺어지는 계약은 이것이다. 곧 너희 가운데 모든 남자가 할례를 받는 것이다.(창세 17,10)

'하느님께서 노아와 온 인류와 맺으신 계약'의 상징이 무지개라면, 할례割禮 circumcision는 '하느님께서 아브라함과 그 자손들과 맺으신 계약'의 상징으로 소개되고 있습니다. 할례란 오늘날로 말하자면 (위생상의 이유로 행해지는) 포경수술에 해당하지요. 중동지역에서는 할례가 아직도 '혼인 입문 의식의 하나'로 치러지고 있는데, 아브라함 당시에도 많은 민족들 가운데서 소년들이 혼인 적령기에 접어들었다는 것을 공적으로 인정하며 행해졌던 성인成人 의식이었다고 합니다. 다른 여러 부족들에게 사춘기 의식으로 행해지던 할례는 이스라엘 백성에게는 '출생 후에 받아야 하는 의식'으로 변화되었습니다. 즉 하느님과 아브라함 사이의 계약을 통해 할례는 이스라엘이 선택된 민족임을 드러내는 표징이 된 것이지요.

하느님께서 직접 요구하신 할례의식은 이스라엘 백성의 친아들에게만 한정되지 않고 '아브라함의 후손이 아닌 다른 종들'에게도 지켜야 할 계약의 내용이 되었음에 주목할 필요가 있습니다. "(너희가 할례를 받으면) 내 계약이 너희 몸에 영원한 계약으로 새겨질 것이다."(창세 17,13)라는 하느님의 말씀은 이스라엘 백성의 후손이 아닌 오늘날의 우리에게도 의미를 지니는 것 아닐까요?

이스라엘 백성을 다른 민족들과 구별하는 아주 결정적이고 특징적인 표시가 바로 할례였다고 했습니다. 나는 어떠합니까? 하느님을 모르는 다른 이들에게서 나를 드러나게 할 특별한 무엇이 과연 나에게 있나요? 하느님을 신앙하는 사람은 할례의식과 같은 외적인 것이 아니라 친절과 온유와 관용, 용서와 사랑과 같은 내적인 할례로써, 곧 하느님의 사랑과 자비를 베푸는 따뜻한 마음으로 자신을 드러내는 사람일 것입니다. 지금의 우리는 신체적인 할례가 아니라 새로운 할례를 받아야 할 것입니다. 곧 내 안의 허물과 잘못, 욕망과 죄악을 벗겨내고 잘라내는 마음의 할례를 받아야 하겠습니다.

바오로 사도께서는 이렇게 말씀하셨지요. "사실 할례를 받았느냐 받지 않았느냐는 중요하지 않습니다. 새 창조만이 중요할 따름입니다."(갈라 6,15) 외적인 할례보다 십자가를 지신 그리스도를 따라 새로운 사람으로 살아가는 자세가 더 중요하다는 말씀입니다. 세상 사람들 가운데서 나는 어떤 사람으로 드러나고 있습니까? 내가 그리스도인임을 누가 알고 있습니까? 님들은 특별한 그리스도의 사람입니다!

'아브라함'이라는 새 이름

하느님께서는 아브람과 계약을 맺으며 이렇게 말씀하셨습니다.

너는 더 이상 아브람이라 불리지 않을 것이다. 이제 너의 이름은 아브라함이다. 내가 너를 많은 민족들의 아버지로 만들었기 때문이다.(창세 17.5)

하느님께서는 아브람과 계약을 맺으실 때 왜 새로운 이름을 주겠다는 말씀을 하셨을까요? 고대인들에게 이름은 단순히 어떤 사람을 가리키는 것뿐 아니라 사람의 운명을 결정짓는 것으로 이해되었다고 합니다. 그렇다면 사람의 이름이 바뀐다는 것은 그 사람의 운명이 이전과는 달라진다는 것을 의미합니다. (주변에 이런 생각으로 이름을 바꾸는 사람들이 많은 것 같습니다. 예전에는 개명이 까다로웠지만 요즘에는 이상하지 않는 이름까지도 새 이름으로 바꾸는 사람들이 있을 정도로 쉬워진 모양입니다.)

서로 비슷한 이름인 '아브람'과 '아브라함'은 한 이름을 가리키는 두 가지 형태의 방언일 수도 있는데, 이들은 원래 '아버지(씨족의 수호신)는 존귀하시다.'는 뜻을 갖고 있습니다. 하지만 "내가 너를 많은 민족들의 아버지로 만들었기 때문이다."라는 창세기의 표현을 고려하면, '아브라함'은 '아브 하몬'에서 의도적으로 지어진(개명된) 이름으로 보입니다. 히브리 말로 '아브 하몬'은 '많은 민족들의 아버지'라는 뜻을 갖고 있기 때문이지요. 과연 '아브라함'이라는 새 이름은 장차 '많은 민족들의 아버지'가 되고, 나아가 '모든 신앙인들의 아버지요, 조상'이 되는 '아브람'의 운명을 잘 나타내는 이름이라 하겠습니다.

'사라'라는 새 이름

아브라함뿐입니까? 사라도 이름을 바꾸었습니다.

너의 아내 사라이를 더 이상 사라이라는 이름으로 부르지 마라. 사라가 그의 이름이다.(창세 17,15)

'사라'는 '나의 여주인, 나의 귀부인'을 뜻하는 '사라이'의 다른 형태인데, '모든 이의 고귀한 여인'이라는 뜻을 가지고 있습니다. 하느님께서 아브라함처럼 사라의 이름을 바꾸었다는 것은 아내 사라도 남편 아브라함처럼 하느님의 구원 계획에서 중요한 역할을 하는 사람임을 시사합니다.

하느님께서는 아브라함과 사라에게 새로운 이름을 주심으로써 아브라함과 사라의 삶에 큰 변화가 있을 것임을 알려 주셨습니다. 예수님께서도 시몬에게 '베드로'라는 새로운 이름을 주며 당신의 교회를 맡기셨고, 사울은 '바오로'라는 이름으로 이방인에게 복음을 전파하는 사도가 되었음을 분명히 드러내었지요. 우리도 세례명이라는 새로운 이름을 받았고, 그 밖에도 '그리스도인' '천주교 신자'라고 불리고 있습니다. 이 이름들은 나의 운명을 바꾸게 될 것입니다. 나의 세례명에 맞갖게, 무엇보다 그리스도인이라는 이름에 걸맞게 하루하루를 열심히 살아가는 님들이 되시기를 바랍니다!

세 사람의 모습으로 찾아오신 주님

창세기 18장은 주님께서 세 사람의 손님으로 아브라함의 천막을 찾아오셨다는 것을 전합니다. 유일하신 하느님이신데 왜 세 사람으로 나타나신 걸까요? 이 점에 관해서는 '주님 한 분과 주님을 동반하는 천사 둘, 합해서 셋'이라는 해석이 지배적입니다. 이는 18장 22절에 "그 사람들은 거기에서 몸을 돌려 소돔으로 갔다. 그러나 아브라함은 주님 앞에 그대로 서 있었다."라는 말씀과 19장 1절에 "저녁때에 그 두 천사가 소돔에 이르렀는데 그때 롯은 소돔 성문에 앉아 있었다."라는 말씀을 통해 유추해 볼 수 있습니다.

신적 존재의 인간 방문에 관한 설화는 고대 '그리스 신화'와 (그 신원이 불확실한 호메로스가 기원전 8세기경에 지었다고 추정되는) 장편 서사시 '오디세이아'에서 그 예를 찾아볼 수 있습니다. 오디세이아에는 "신들이 유랑하는 나그네 차림으로 온갖 모양을 하고서 여러 지방과 도시를 돌아다니면서 가사적可死的 인간들의 악행과 선행을 구경한다."(XVII, 485-87)는 표현이 담겨 있습니다. 고대 교회는 이 대목을 삼위일체와 관련지어 '나그네 셋은 삼위일체 하느님을 상징'한다고 보았습니다. (하지만 이러한 식의 해석은 오늘날 설득력을 잃고 있으니,

셋이라는 숫자 자체에 중요성을 두지 않았으면 합니다.)

한편 손님을 환대하는 일은 고대 사회에서 중요한 덕목에 해당합니다. 아브라함은 자신 앞에 나타난 손님들이 하늘에서 내려온 이들인지 알 턱이 없었지요. 그럼에도 진심을 담아 정중하게 또 정성을 다해 나그네를 대접하였습니다.

마태오 복음 25장에서는 예수님께서 최후의 심판 때 하실 말씀을 이렇게 선포합니다. "너희는 …… 내가 나그네였을 때에 따뜻이 맞아들이지 않았다." "저희가 언제 주님께서 …… 나그네 되신 것을 보고 …… 시중들지 않았다는 말씀입니까?" 이는 주님께서 나그네처럼 그 누구도 자신을 알아볼 수 없는 모습으로 오신다는 말이지요.

2013년 12월 17일 아침 식사에 성 베드로 성당 주변에서 집 없이 떠도는 노숙인 4명을 초청해서 자신의 77세 생일을 축하하신 분, 2014년 생일에는 노숙인 400명에게 침낭을 선물하신 분, 2015년 2월부터 노숙인들에게 샤워 시설을 무료로 개방하신 분, 그해 3월 26일에는 노숙인 150명을 바티칸 박물관 VIP투어에 초대하신 분이 있습니다. 바로 프란치스코 교황님이십니다. 우리도 교황님을 본받아야 하겠습니다.

6
하느님의 축복으로서 웃음

사라의 웃음과 아들의 약속

창세기 18장에서 아브라함이 '세 사람의 모습으로 나타나신 하느님'을 대접한 이야기를 좀 더 자세히 살펴봅시다. 아브라함이 차려 준 음식을 먹은 손님이, 엄밀하게는 사라의 수고로 식사 대접을 받으신 주님께서 아브라함에게 말씀하셨습니다.

내년 이때에 내가 반드시 너에게 돌아올 터인데, 그때에는 너의 아내 사라에게 아들이 있을 것이다.(창세 18,10)

그 다음 이어지는 이야기가 참 재밌습니다. 천막 어귀에서 이 말을 들은 사라는 속으로 웃으면서 이렇게 생각합니다.

이렇게 늙어 버린 나에게 무슨 욕정이 일어나랴? 내 주인도 이미 늙은 몸인데.(창세 8,12)

사라가 이렇게 생각한 것은 나름의 이유가 있었습니다. 앞서 8장 11절에 "아브라함과 사라는 이미 나이 많은 노인들로서, 사라는 여인들에게 있는 일조차 그쳐 있었다."라는 언급 때문입니다. 사라의 이유 있는 웃음을 알아채신 주님께서는 아브라함에게 말씀하셨습니다.

어찌하여 사라는 웃으면서, "내가 이미 늙었는데, 정말로 아이를 낳을 수 있으랴?" 하느냐? 너무 어려워 주님이 못 할 일이라도 있다는 말이냐? 내가 내년 이맘때에 너에게 돌아올 터인데, 그때에는 사라에게 아들이 있을 것이다.(창세 18,13-14)

그러자 사라는 두려운 나머지 "저는 웃지 않았습니다." 하며 부인했고, 이에 주님께서는 "아니다. 너는 웃었다."고 말씀하십니다. 이렇게 창세기는 웃음 때문에 생긴 재밌는 일화를 들려주고 있습니다.

아브라함의 웃음과 아들의 약속

앞선 17장에서도 비슷한 이야기가 나옵니다. '아브람'에게 '아브라함'이라는 새 이름을 주신 주님께서는 '사라이'에게도

'사라'라는 이름을 주시면서 말씀하셨지요.

나는 그에게 복을 내리겠다. 그리고 네가 그에게서 아들을 얻게 해 주겠다. 나는 복을 내려 사라가 여러 민족이 되게 하겠다. 여러 나라의 임금들도 그에게서 나올 것이다.(창세 17,16)

이 말씀을 듣고 아브라함은 땅에 얼굴을 대고 엎드려 웃으면서 마음속으로 생각합니다.

나이 백 살 된 자에게서 아이가 태어난다고? 그리고 아흔 살이 된 사라가 아이를 낳을 수 있단 말인가?(창세 17,17)

그리고 하느님께 '이스마엘'(종인 '하가르'에게서 얻은 아들)이 하느님 앞에서 오래 살기를 바란다고 말씀드립니다. 이에 주님께서는 이스마엘에 대한 축복도 약속하시며 이렇게 말씀하십니다.

"아니다. 너의 아내 사라가 너에게 아들을 낳아 줄 것이다. 너는 그 이름을 이사악이라 하여라. 나는 그의 뒤에 오는 후손들을 위하여

그와 나의 계약을 영원한 계약으로 세우겠다.”(창세 17,19)

하느님의 웃음 이사악

아브라함의 아들 ‘이사악’의 뜻도 흥미롭습니다. 이 이름 자체가 ‘아브라함의 웃음’과 ‘사라의 웃음’을 떠올리는 이름이기 때문이지요. 이사악은 ‘이사악 엘’이 축약된 형태인데 이는 ‘하느님께서 웃으시기를!’ 곧 ‘하느님께서 호의적이시기를!’이라는 뜻을 갖고 있습니다. ‘웃음’과 관련하여 창세기 21장은 다음의 언급을 전하고 있습니다.

아브라함에게서 아들 이사악이 태어났을 때, 그의 나이는 백 살이었다. 사라가 말하였다. “하느님께서 나에게 웃음을 가져다주셨구나. 이 소식을 듣는 이마다 나한테 기쁘게 웃어 주겠지.”(창세 21,5-6)

참 웃음을 주시는 하느님

아브라함과 사라의 웃음 이야기에서 그러한 웃음을 가져다 주시는 분은 누구인가요? 바로 하느님이셨습니다! 이미 늙은 아브라함과 사라를 기쁨으로 웃음 짓게 하신 분이 하느님이셨다는 사실에 주목합시다. 아브라함과 사라에게 참 웃음을 가져다주시는 분이 하느님이셨듯이, 우리에게 진정한 웃음을 가져다주실 분도 바로 하느님이심을 기억하면 좋겠습니다.

우리에게 진정한 웃음을 가져다주시는 분이 계십니다. 바로 우리를 위해 이 세상에 오시고, 우리를 위해 사시고, 우리를 위해 돌아가셨으나 영광스럽게 부활하신 분이십니다. 무덤을 이기고 부활하신 그분께서는 당신의 빈무덤을 보고 슬퍼하는 막달레나에게 "막달레나야!" 하고 다정한 음성으로 부르시며 웃음을 주셨습니다. 그처럼 주 예수 그리스도께서 나의 이름을 부르시며 지쳐 의기소침한 나를 활짝 웃게 해 주시기를 소망합니다!

루카 복음 10장의 '마로타와 마리아 이야기'에서도 웃음의 분위기가 느껴집니다. 예수님을 집에 모신 마르타는 갖가지 시중드는 일로 정신이 없는데, 동생 마리아는 주님 발치에 앉아 그분의 이야기를 듣고 있었지요. 때문에 마르타는 "주님 보고만 계십니까? 마리아보고 저를 좀 도우라고 하십시오." 하자 예수님께서는 "마르타야, 마르타야! 너는 많은 일을 염려하고 걱정하는구나. 그러나 필요한 것은 한 가지뿐이다. 마리아는 좋은 몫을 선택하였다. 그리고 그것을 빼앗기지 않을 것이다." 하셨습니다. 이 이야기의 분위기가 어떠했을까요? 심각한 분위기였을까요? 차라리 웃음을 자아내는 분위기가 아니었을까 싶습니다.

예수님의 말씀은 마리아만 옳다는 것일까요? 아니면 마르타도 옳고 마리아도 옳다는 것일까요? 예수님께서는 마르타가 하는 일의 소중함도 잘 아시기에 마르타의 일은 해서는 안 될 것이라고 말씀하지 않으십니다. 예수님의 말씀은 이렇게 들리는 듯합니다. "내 시중을 드는 일도 중요하지만 내 생명의 말씀을 듣는 일은 더 중요하다! 그러니 그 일을 소홀히 해서는 안 된다!" 그렇다면 예수님의 말씀은 이렇게도 번역해 볼 수 있을 것입니다. "너는 무슨 일을 할 때에 다른 사람에 대해서는 불평함이 없이 하여라! 너는 무슨 일을 하든지 기쁘게 하여라! 이왕에 할 일 웃으면서 하여라!"

신앙생활은 기쁜 것입니다. 즐거운 것입니다. 웃음을 짓는 것입니다. 하느님의 사랑을 생각하며 마음으로부터 웃는 것입니다. 한량없이 풍성하고 영광스러운 구원의 신비 앞에 기쁨과 감사의 웃음을 짓게 되는 것입니다. 내가 먼저 기쁜 신앙생활을 한다면 어떨까요? 내가 살고 있는 그 신앙을 남에게도 자연스럽게 전하지 않을까요! 내가 주님의 사랑으로 내 영혼이 웃음짓고 있다면, 나의 웃음이 이웃에게 전해질 것입니다. 하느님의 사랑 앞에 감사의 웃음을 짓는 우리는 그 놀라운 신비를 다른 이들에게도 알려 주어야 하겠지요? 우리에게 이루어지는 구원을 생각하며, 하느님께서 내리시는 호의를 생각하면서 영혼의 웃음을 짓는 것, 그것이 바로 우리가 추구해야 할 신앙생활 아닐까요? 하느님께서 나를 웃게 하시고, 내가 하느님을 웃게 하는 것이 바른 신앙생활임을 생각하면 좋겠습니다!

선택된 사람에 대한 하느님의 축복

창세기 18장에서 "내가 앞으로 하려는 일을 어찌 아브라함에게 숨기랴?"(17절) 하신 것은 하느님께서 아브라함을 '선택'하셨으니 그에게 약속한 것을 그대로 이루어줄 것이라는 뜻입니다. 여기서 '선택하다'는 원래 '알다'는 뜻의 히브리 말을 번역한 것으로, 성경에서 '알다'는 말은 단순한 '지식'을 넘어서는 의미를 지닙니다. (그러니 남자와 여자가 서로 아는 것은 남녀가 서로 '육체관계'를 맺는다는 뜻이고, 누군가를 아는 것은 '인격적으로' '매우 친밀하게' 안다는 뜻을 지닙니다.) 그렇다면 18장의 말씀은 이런 의미를 담고 있다고 할 수 있습니다. "내가 아브라함과 친밀한 관계를 맺은 것은 아브라함과 그 자손들이 정의와 공정을 실천하여 주님의 길을 지키게 하고,

그로써 그들이 내 복을 받게 하려는 것이다!"

우리는 하느님을 믿게 된 것을 하느님의 은혜로 말미암은 것으로 받아들입니다. 하느님께서 우리를 선택하셔서 우리와 인격적이고 친밀한 관계를 맺고자 하셨고, 부르심에 응답함으로써 우리는 그분의 자녀가 됩니다. 하느님과 인격적이고 친밀한 관계를 맺는 데 중요한 역할을 하는 것으로 '기도'와 '성사생활' 등이 있고, 아울러 '레지오 마리애'와 같은 '신심생활'이 있습니다. 신심생활을 위한 모임 시간은 '하느님과 사랑을 나누는 친교'와 '하느님과의 내밀한 사귐을 위한 기도'를 위해 있음을 잊지 말아야겠습니다.

또한 하느님께서 특별히 강조하신 "정의와 공정"(창세 18,19)은 백성을 다스리고 그들을 위해 봉사하는 지도자들이 실천에 옮겨야 할 '기본적인 덕목'이자 '사회 통치를 위한 중요한 원칙'에 해당합니다. 아브라함이 살았던 고대 근동에서는 모든 지도자들이 이 덕목을 지켜야 했는데, 특히 임금들에게 요구되었다고 합니다. 우리나라의 위정자들은 말할 것도 없고, 본당 내 제단체의 임원과 봉사자들도 당연히 '정의롭고 공정한 처신'을 하도록 힘써야 할 것입니다.

하느님께서 "소돔과 고모라에 대한 원성이 너무나 크고, 그들의 죄악이 너무나 무겁구나."(창세 18,20) 하시며 그들을 벌하겠다는 의지를 내비치시자, 아브라함이 하느님과 일종의 협상을 벌이는 장면이 여러 번 나왔지요. 한 명의 의인은 물론이고 회심하는 단 한 명의 죄인이라도 소중히 여기는 하느님의 마음을 엿볼 수 있는 이야기입니다. '인간에게 영향을 미치는 사건들'이 '하느님과 인간의 상호 관계 속에서' 이루어지고 있다는 것을 보여주는 것입니다. 또한 '인간을 위한 하느님의 구원 계획 안에서' 아브라함과 선택된 백성 이스라엘이 '어떤 역할을 해야 하는가'를 묻는 것입니다. 우리 님들도 악의 세력을 물리치고 하느님의 나라를 확장시키는 데 있어서 당당히 한 몫을 해나갈 수 있기를 바라마지 않습니다.

7
죄인의 멸망과 의인의 구원

죄인들을 멸망에서 구원하는 의인의 역할

롯이 눈을 들어 요르단의 온 들판을 바라보니, 초아르에 이르기까지 어디나 물이 넉넉하여 마치 주님의 동산과 같고 이집트 땅과 같았다. 그때는 주님께서 소돔과 고모라를 멸망시키시기 전이었다. …… 아브람은 가나안 땅에서 살고, 롯은 요르단 들판의 여러 성읍에서 살았다. 롯은 소돔까지 가서 천막을 쳤는데, 소돔 사람들은 악인들이었고, 주님께 큰 죄인들이었다.(창세 13,10-13)

창세기의 표현에 의하면, 소돔 사람들은 원래부터 악인들이고 주님께 큰 죄를 지은 사람들이었습니다.

아브라함이 세 사람의 길손을 극진히 대접하고 자식에 대한 축복의 약속을 받은 후에 길손들을 소돔이 내려다보이는 곳까지 배웅할 때였습니다. 그때 주님께서는 함께 걸어가던 아브라함에게 "내가 앞으로 하려는 일을 어찌 아브라함에게 숨기랴?"(창세 18,17) 하시면서 "아브라함은 크고 강한 민족이 될 것이다.", "세상 모든 민족들이 아브라함을 통하여 복을 받을 것이다."고 말씀하셨습니다. 소돔과 고모라의 죄인들에게 벌을 내릴 것이라는 말씀도 덧붙이셨습니다. '소돔과 고모라에 대한 원성이 너무나 크고, 그들의 죄악이 너무나 무거우니 그 도시들을 징벌할 것'이라는 경고였지요. 이에 아브라함은 "진정 의인을 죄인과 함께 쓸어버리시렵니까?"(창세 18,23) 하면서 하느님과 협상(?)을 벌여 죄인을 살릴 의인의 수를 50명, 45명, 30명, 20명을 거쳐 10명까지로 줄이는 데 성공하였습니다.

"그 열 명(의 의인)을 보아서라도 내가 파멸시키지 않겠다."(창세 18,32) 아브라함이 소돔을 위하여 기도를 하자 하느님께서 죄인들을 벌하고자 하던 마음을 돌리셨습니다. 의인들의 삶과 기도는 하느님의 진노에서 악인들을 구해 내는 힘을 발휘한다는 것을 보여 줍니다. 죄인들의 회개를 위하여 하느님께 기도하시는 님들의 역할이 얼마나 중요한지요!

소돔 사람들의 악한 행실과 롯 가족의 구원

창세기 19장은 길손으로 나타난 두 천사를 접대하는 롯의 이야기를 전하면서, 그 길손들에 대한 소돔 주민들의 악한 행실을 고발하고 있습니다. 아브라함의 집을 떠난 두 천사가 소돔에 이르렀을 때의 일입니다. 성문에 앉아있던 롯이 그들을 보고 자신의 집에서 하룻밤 묵어가기를 청합니다. 광장에서 밤을 지내려던 그들은 롯이 하도 간절히 청하자 결국 그의 집으로 들어갔는데, 이 일을 어쩐답니까? 젊은이부터 늙은이까지 소돔의 사내들이 사방에서 몰려와 롯의 집을 에워싸고 이렇게 끔찍한 말을 했다는 것입니다.

오늘 밤 당신 집에 온 사람들 어디 있소? 우리한테로 데리고 나오시오. 우리가 그자들과 재미 좀 봐야겠소.(창세 19,5)

재미를 보자고 하다니 무슨 뜻일까요? 여기서 소돔 주민들이 한 '재미 좀 보자'는 말은 원래 히브리 말로 '알아보자'는 뜻의 성적인 의미를 지닌 말로서, 롯의 손님에게 '동성애적인 폭행'을 시도하려 했음을 나타냅니다. (창세기의 소돔 사람 이야기에서 유래한 용어가 '사더마이트' 혹은 '소더미트'sodomite로서

'남색자'男色者를 뜻합니다.)

이에 롯은 소돔의 사내들에게 기막힌 제안을 하였습니다. (아직 남자를 알지 못하는) 자신의 딸 둘을 내어 줄 터이니 손님들에게는 아무 짓도 하지 말라고 한 것이지요. 그럼에도 그들이 롯을 밀치고 문을 부수려고 하자 집안에 있던 손님들은 롯을 집안으로 들인 다음, 문을 닫아걸고 이적異跡을 행하였습니다. 롯의 집 문 앞에 있던 사내들을 아이부터 어른까지 모두 눈이 멀게 하여 문을 찾지 못하게 만들었던 것이지요. 그러고 나서 손님들은 롯에게 "이제 소돔을 파멸시킬 것이니 장래의 사위들, 아들과 딸들, 가족 모두를 소돔에서 데리고 나가라."고 말합니다. 하지만 이 말을 들은 사위들은 코웃음을 쳤고, 롯 자신도 떠나기를 망설였습니다. 이에 천사는 "목숨을 구하려면 뒤를 돌아보지 말고, 들판 어디에서도 멈추어 쉼이 없이 산으로 달아나라." 하였습니다. 그랬지만 롯은 "멀리 산으로 달아나다가 재앙에 휩싸여 죽을까 두려우니 가까운 성읍으로 달아나게 해 달라."고 매달려 마침내(뒤를 돌아보다 소금 기둥이 되어 버린 아내를 잃고) 목숨을 구하게 되었습니다.

"달아나 목숨을 구하시오. 뒤를 돌아다보아서는 안 되오. 이 들판 어디에서도 멈추어 서지 마시오. 휩쓸려 가지 않으려거든 산으로 달아나시오." …… "나리, 제발 그러지 마십시오. …… 재앙에 휩싸여 죽을까 두려워, 저 산으로는 달아날 수가 없습니다. 보십시오, 저 성읍은 가까워 달아날 만하고 자그마한 곳입니다. …… 그러면 제 목숨을 살릴 수 있겠습니다."(창세 19,17-20)

구원받은 롯, 구원받지 못한 롯의 아내 : 미련 때문에!

롯은 허약한 성품의 소유자로 보입니다. 롯은 불의에 대해 강력히 저항하는 대신 자신의 두 딸을 내어주겠다고 타협안을 제시했습니다. 또한 롯은 그토록 터무니없는 제안을 내놓고도 손님들을 보호하는 데 실패했고, 심각하고 즉각적인 하느님의 심판을 피할 절체절명의 순간에도 사위될 사람들을 설득하지 못했습니다. 게다가 자신도 과감히 소돔을 떠나지 못하고 주저하는 모습을 보였습니다. 왜 그랬을까요? 아브라함의 호의를 입어 자신이 선점한 요르단의 들판에 계속 미련을 두고 있었기 때문이 아닐까 싶습니다.

그럼에도 불구하고 롯은 결국 구원의 길을 걸어갔습니다.

소심하고 유약한 롯이었지만 엄중한 천사들의 경고에 직면

하여 자신의 목숨을 구할 방법을 간절히 찾았습니다. 천사들에게 "먼 산이 아니라 가까운 성읍으로 달아나게 해 주십시오."라고 간곡히 청하여 그래도 좋다는 허락을 얻었던 것이지요. 마지막에 롯이 생명을 구한 것은, 그가 자신이 살아온 터전인 들판에 대한 미련을 결국 버렸기 때문 아닐까, 반면에 롯의 아내는 지난 삶의 터전에 대한 미련으로 인해 자신을 구할 수가 없었던 것은 아닐까 생각해 봅니다.

자신의 지난 삶의 터전에 대한 미련을 버렸던 롯은 목숨을 구했지만, 그렇지 못하였던 롯의 아내는 가던 길을 멈추고 뒤를 돌아다보다 그만 생명 없는 '소금 기둥'이 되고 말았습니다. 롯과 아내의 이야기는 '자신이 가야 할 길을 거침없이 또 끝까지 달리는 사람은 구원을 받을 것'이지만, '자신의 길을 제대로 가지 않고 지나온 길에 대해 미련을 끝까지 버리지 못한다면 결국 구원의 길에서 멀어질 수 있다.'는 교훈을 담고 있습니다. 주님의 말씀에 충실한 가운데 끝까지 구원의 길을 걷는 우리 님들이 되시기를 바랍니다!

아버지에게서 자손을 얻은 롯의 딸들

하느님께서 그 들판의 성읍들을 멸망시키실 때, 아브라함을 기억하셨다. 그래서 롯이 살고 있던 성읍들을 멸망시키실 때, 롯을 그 멸망의 한가운데에서 내보내 주셨다.(창세 19,29)

목숨을 건진 롯은 두 딸과 함께 산으로 올라가 굴에서 살았는데, 이들이 기막힌 일을 벌였다고 창세기는 전하고 있습니다.

우리 아버지는 늙으셨고, 이 땅에는 세상의 풍속대로 우리에게 올 남자가 없구나. 자, 아버지에게 술을 드시게 하고 나서, 우리가 아버지와 함께 누워 그분에게서 자손을 얻자.(창세 19,31-32)

그리하여 딸들은 아버지와 이틀에 걸쳐 잠자리를 가지고 자손을 얻었는데, 그들에게서 '모압족'과 '암몬족'이 나왔다는 것입니다. 모압족은(오늘날 이스라엘 사해 동쪽에 살면서) 오랫동안 이스라엘을 괴롭혔던 민족으로, 예언자 이사야에 의해 하느님의 적으로 지목된 종족입니다. 결국 기원전 6세기 바빌로니아 제국의 침략으로 멸망하였지요. 암몬족은 기원전 13세기

모압 북부 지역에 왕국을 세울 만큼 강성하였으나 다윗에게 패하고 수도까지 빼앗겼습니다. 하지만 그 후에도 암몬은 끊임없이 이스라엘과 전쟁을 벌이다가 기원전 2세기에 유다의 마카베오에 의해 멸망하게 됩니다.

창세기는 왜 이토록 불경스런 이야기를 전하고 있는 것일까요? 한때 이스라엘을 위협할 정도로 강했던 적들이지만 사실상 이렇게 치욕적인 기원을 가지고 있었다는 것인데요. 이는 이스라엘인들이 그들을 격하하고 앙갚음하려는 의도였을 수도 있고, 롯의 딸들이 자녀들의 기원을 부끄러이 생각하기는 커녕 그야말로 순수한 핏줄의 소생이라는 자부심으로 떠벌리고자 한 것일 수도 있습니다.

현재의 우리가 창세기 당시 저자의 의도를 완전히 알 수는 없지만 다음의 해석이 설득력을 갖는 듯합니다. "하느님께서 결국 아브라함을 보아서 살려 준 이방 민족들의 조상은 하느님의 백성인 이스라엘의 조상과 비교할 때 출생부터, 곧 그 기원부터 다르다!" 즉 '선택된 백성인 이스라엘의 조상'은 인간적인 방법으로는 불가능했던 '하느님의 특별한 호의와 기적적인 임신'을 통해서 태어났지만, '이방인들의 조상'은 근친상간이라는 순전히 '인간적인 술수와 죄스런 임신'에서 시작되었다는 것이지요.

우리는 하느님의 새로운 백성인 교회의 일원입니다. 즉 우리는 그리스도의 피를 통해 맺어진 백성이고 그분께 대한 신앙 안에서 성령을 통해 하느님의 자녀로 새로 태어난 사람들입니다. 그리스도인이라는 새로운 이름을 지닌 우리는 하느님을 믿지 않는 세상 사람들과는 그 기원부터 다르다는 이 은혜롭고 고마운 사실을 잊지 말아야 하겠습니다.

8
아브라함의 생존 전략과 하느님께 대한 순명

"사라는 내 (아내가 아니라) 누이요"

창세기 20장은 아브라함이 아직 정착을 못하고 나그네처럼 떠돌던 때, 낯선 땅에서 목숨을 부지하기 위해 계략을 썼다는 이야기를 전하고 있습니다. 팔레스타인 남쪽 네겝 땅으로 옮겨간 아브라함이 '그라르'라는 곳에서 나그네살이를 할 때의 일입니다.('그라르'의 위치는 알 수 없으나 '그라르'와 울림이 비슷한 히브리 말 '게르'가 '나그네살이하다'라는 뜻을 가지고 있는데, 아마도 여기서 비롯된 지명인 듯합니다.) 그곳에서 아브라함이 아내 사라를 자신의 '누이'라고 속여서 목숨을 건졌다는 것입니다.

사실 아브라함이 그렇게 아내를 누이라고 속인 게 처음이 아니었습니다. 아브라함이 하느님의 부르심을 받고 길을 떠나 같은 네겝 땅으로 옮겨 갔을 때였지요. 그 곳에서도 기근이 들어 아브라함은 이집트로 건너가 나그네살이를 하게 됩니다. 그때도 같은 거짓으로 위기를 모면한 일이 있었지요.

여보, 나는 당신이 아름다운 여인임을 잘 알고 있소. 이집트인들이 당신을 보면, '이 여자는 저자의 아내다.' 하면서, 나는 죽이고 당신은 살려 둘 것이오. 그러니 당신은 내 누이라고 하시오. 그래서 당신 덕분에 내가 잘되고, 또 당신 덕택에 내 목숨을 지킬 수 있게 해 주시오.(창세 12,11-13)

(참고로 다윗 시대까지는 이복 누이와 결혼이 가능했으나 후대의 법에서는 금지되었습니다.) 그래서 어떻게 되었습니까? 과연 아브라함은 사라 덕분에 파라오의 호의를 입었지만, 주님께서는 파라오가 사라를 탐낸 일로 파라오와 그 집안에 여러 가지 큰 재앙을 내리셨고, 마침내 파라오는 아브라함과 그 식솔들을 떠나보냈다고 기록되어 있습니다.

창세기 20장에서도 같은 식으로 이야기가 진행됩니다. 그라르의 임금인 아비멜렉이 사람을 보내어 사라를 데려가 범하려고 했지만, 다행히도 그날 밤 하느님께서 아비멜렉의 꿈에 나타나 꾸짖고 마음을 돌이키게 하셨습니다. 하느님을 두려워한 아비멜렉은 아브라함에게 양과 소, 남종과 여종까지 주면서 자기 나라 어느 곳이든 마음에 드는 곳에 자리를 잡도록 해 주었지요. 이에 아브라함은 하느님께 아비멜렉을 위해 기도하였고, 하느님께서는 이방인이면서도 당신을 두려워하는 아비멜렉을 보고 그 집안의 모든 태를 닫아버리셨던 벌을 거두십니다.

이 이야기는 미래에 이루어질 약속의 상속자, 곧 '이사악의 어머니가 될 여인인 사라'를 그 어떤 남자도 육체적으로 가까이할 수 없었음을, 그리고 그녀는 '오직 하느님의 은혜와 섭리로' 아브라함에게서 약속의 아들을 얻었음을 밝히고 있습니다. 그리고 만민의 조상이 될 아브라함이 '하느님께 특별히 가까이 나아갈 수 있었던 선택된 사람'으로서 '하느님의 예언자요 중재자'였음을 말하고 있습니다.

우리가 신앙하는 하느님은 당신을 두려워하는 사람에게 벌을 거두시고, 인간적인 술수와 계략마저 축복의 길로 이끄시는 분이십니다. 우리에게는 이방인을 위한 아브라함의 기도보다도 더 큰 힘을 지닌 중재자 예수 그리스도와 마리아의 기도가 있습니다. 우리를 사랑하시는 하느님께서 베푸시는 구원 의지와 계획을 신뢰하며, 흔들림 없는 열정으로 이 길을 끝까지 걸어가는 님들이기를 바랍니다!

구원의 역사를 돌보시는 하느님

창세기 21장은 하느님께서 약속하신 대로 사라를 돌보시고, 그녀에게 아들을 얻게 하신 것으로 시작합니다. 그런데 사라는 이제 '이집트인으로서 자신의 여종이었던 하가르가 아브라함에게 낳아준 14세쯤 된 아들' 이스마엘이 자신의 귀한 아들 이사악과 함께 노는 것을 보고(어떤 번역에 따르면 "이사악을 놀리는 것을 보고") 아브라함에게 이렇게 말합니다.

저 여종과 그 아들을 내쫓으세요. 저 여종의 아들이 내 아들 이사악과 함께 상속을 받을 수는 없어요.(창세 21,10)

어찌된 일일까요? 일찍이 창세기 16장에서 사라는 이렇게 말했는데 말이지요.

여보, 주님께서 나에게 자식을 갖지 못하게 하시니, 내 여종(하가르)과 한 자리에 드셔요. 행여 그 아이의 몸을 빌려서라도 내가 아들을 얻을 수 있을지 모르잖아요.(창세 16,2)

그랬던 사라가 어쩌다 그들을 이제 사지死地로 몰아넣으려고 하는 것일까요? 창세기 16장 4절 이후에 그 답이 있습니다. "그 여자는 자기가 임신한 것을 알고서 제 여주인을 업신여겼다." 이 때문에 억울해 하는 사라를 보고 아브라함이 "당신의 여종이니 당신 좋을 대로 하라."고 했고, 마침내 하가르는 사라의 구박을 피해 광야로 도망을 쳤습니다. 하지만 하가르는 "너의 여주인에게 돌아가서 그에게 복종하여라."는 주님의 천사가 전하는 말씀에 따라 다시 사라에게 돌아갔고 때가 되어 아브라함에게 아들 이스마엘을 낳아주었습니다.

16장에서 하가르가 고생할 것이 뻔한 사라의 집으로 다시 돌아간 것은 "내가 너의 후손을 셀 수 없을 만큼 번성하게 해 주겠다."(16,10)는 천사의 말씀을 듣고 희망을 가졌기 때문입니다. 16장에서와 달리 21장에서 아브라함은 처음에는 사라의 '모자추방 건의'에 대해 언짢아했지만, 하느님께서 "사라가 너에게 말하는 대로 다 들어주어라. 이사악을 통하여 후손들이 너의 이름을 물려받을 것이다. 그러나 그 여종의 자식들도 네 자식이니, 내가 그도 한 민족이 되게 하겠다."(13절)고 하신 말씀을 듣고 생각을 바꾸었습니다. 아브라함은 우유부단하거나 줏대가 없어 사라에게 양보한 것이 아니라 하느님의 명백한 지시를 받고 구원의 역사를 돌보시는 그분의 계획에 순종했던 것입니다. 과연 사라에게 쫓겨나 어미와 함께 광야에서 죽을 위험에 처했던 이스마엘은 하느님의 보호 속에 용감한 활잡이로 성장하게 되었습니다.

"하느님께서는 그 아이와 함께 계셨다."(창세 21,20) 이는 창세기가 전하는 우리 모두를 위한 변함없는 하느님의 사랑이야기입니다. 사라의 미움과 시기, 질투의 행위 안에서도 이스라엘의 구원 역사가 계속된 것처럼 인간의 완고한 마음과 행위 안에서도 하느님의 구원 역사가 계속됩니다. 이스마엘이 비록 약속의 자녀가 아니었지만 하느님의 축복을 받았던 것처럼 이방인이었던 우리도 구원의 희망을 갖게 되었습니다. 임마누엘, 하느님께서 우리와 함께 계십니다! 하느님께서 함께하시니 두려울 것이 없습니다!

9
너의 사랑하는 아들을 죽여 바쳐라!

사람을 제물로 바친다?

창세기 22장 '이사악의 희생 제사' 이야기에는 다음과 같은 하느님의 (충격적인?) 말씀이 나옵니다.

너의 아들, 네가 사랑하는 외아들 이사악을 데리고 모리야 땅으로 가거라. 그곳, 내가 너에게 일러 주는 산에서 그를 나에게 번제물로 바쳐라.(창세 22,2)

하느님께서 사람을 제물로 받으시다니요! '사람을 신에게 희생 제물로 바치는 관습'은 셈족이나 인도-유럽족과 같은 고대인들이 (신적인 보호를 빌기 위해) 행하던 종교 의식의 하나였습니다. 아브라함 당시 이교도인 가나안족은 갓난아기들을 죽여서 새로 짓는 건물의 토대에 묻곤 했었는데, 열왕기 상권 16장 34절의 "히엘은 예리코의 기초를 놓다가 맏아들 아비람을 잃더니, 성문을 달다가는 막내아들 스굽을 잃었다."는 언급에서, 그리고 열왕기 하권 16장 3절의 "그(아하즈 임금)는 주님께서 이스라엘 자손들 앞에서 쫓아내신 민족들의 역겨운 짓을 따라, 자기 아들마저 불 속으로 지나가게 하였다."는 부분에서도 '아이를 희생 제물로 바치는 제사'의 흔적을 찾아볼 수 있습니다.

이러한 기록들과 함께 판관기 11장의 판관 입타가 자신의 딸을 바쳤다는 이야기도 '사람을 제물로 바치는 제사'의 관습을 떠올리게 합니다. 암몬의 자식들이 이스라엘을 공격하자 그곳의 원로들은 입타를 지휘관으로 추대하였고, 주님의 영을 받은 입타는 전장에 나가게 됩니다. 그때 주님께 이렇게 서원하지요. "당신께서 암몬 자손들을 제 손에 넘겨만 주신다면, 제가 암몬 자손들을 이기고 무사히 돌아갈 때, 저를 맞으러 제 집 문을 처음 나오는 사람은 주님의 것이 될 것입니다. 그 사람을 제가 번제물로 바치겠습니다."(31절) 주님의 도움으로 전쟁에서 승리한다면 감사의 표시로 사람을 태워 바치는 제사를 지내겠다는 약속을 주님께 한 것이지요. 과연 입타는 주님의 도우심에 힘입어 싸움에서 승리를 거두었습니다. 그렇게 힘든 싸움에서 승리한 입타가 자신의 집으로 돌아오는데, 글쎄 하나뿐인 외동딸이 가장 먼저(그것도 자기를 맞으러 기뻐 춤을 추며)

나오는 것 아닙니까!

결과적으로 입타는 주님께 자신의 딸을 죽여 바치겠다고 약속한 몹쓸 아버지가 되고 말았습니다. 어쩔 수 없이 입타는 (딸의 소원을 들어 두 달의 말미를 준 후에) 주님께 서원한 대로 (남자를 안 일이 없었던) 딸을 바쳐야만 했습니다. 이러한 성경의 기록은 이스라엘에서도 이교도 땅에서처럼(아마도 기원전 6세기경까지도) 사람을 제물로 바치던 관습이 있었던 것이 아닐까 추론하게 합니다. 이렇게 이사악의 희생 제사 이야기는 당시 행해지던 관습이 배경이 된 것으로 보입니다.

아브라함의 마음을 보신 하느님

창세기에서 하느님의 말씀대로 '그토록 사랑하는 외아들'을 바쳐야 했던, '이사악'이라는 이름 그대로 자신에게 '진정한 웃음'을 가져다주고 눈에 넣어도 아프지 않을 아들을 바쳐야 했던 아브라함의 마음은 어떠하였을까요?

아브라함은 하느님의 말씀에 몹시 괴로웠겠지만 묵묵히 번제물(곧 자신의 아들)을 사를 장작을 팬 뒤 하느님께서 말씀하신 곳을 향해 길을 떠났습니다. 아브라함은 이사악에게 장작을 지우고서(장작을 진 그 아들을 번제물로 바칠, 아들에게는 위험했을) 칼과 불을 손에 든 채 사흘 동안이나 먼 길을 걸어갔습니다. 아브라함에겐 즐거운 여행길이 아니라 아들을 잃고 홀로 돌아와야만 하는, 그야말로 고통과 상심의 길이었습니다. 그렇게 마지막 길을 함께 걸어가면서 아브라함이 겪었을 아픔은 "불과 장작은 여기 있는데, 번제물로 바칠 양은 어디 있습니까?"(7절)라는 아들의 물음으로 극에 이르렀을 것입니다.

하지만 아브라함은 죽을힘을 다해 슬픔을 억누른 채 담담하게 대답했습니다. "얘야, 번제물로 바칠 양은 하느님께서 손수 마련하실 거란다."(8절) 마지막 순간까지 희망의 끈을 놓지 않았던 것일까요? 어쩌면 아브라함은 자신에 대한 하느님의 시험을 통과해야만 한다는 생각만으로 가득 차 있었는지 모릅니다. 어쨌든 하느님께 대한 신뢰로 가득 찬 아브라함이 한 말은 얼마 후에 하느님께서 개입하실 일에 대한 예언적인 말씀이기도 합니다.

아브라함은 하느님께서 말씀하신 곳에 다다르자 그곳에 제단을 쌓고 장작을 얹어 놓았습니다. 그러고 나서 아들을 묶어 장작 위에 올려놓고 칼을 들어 찌르려 하였습니다. 자신을 죽이려는 아버지를 보고 당황해하는 아들에게 아브라함은 그 어떤 말도 할 수(양해를 구할 수도 설명할 수도) 없었을 것입니다. 고통의 신음 속에서 흘러내리는 눈물을 참으며 아들의 시선을 외면하였을지도 모릅니다.

마침내 그 절체절명의 순간에(참으로 고맙게도!) 하느님께서 개입하십니다. "그 아이에게 손대지 마라. 네가 너의 아들, 너의 외아들까지 나를 위하여 아끼지 않았으니, 네가 하느님을 경외하는 줄을 이제 내가 알았다."(12절) 절망의 순간에 안도의 숨을 쉬게 된 아브라함이 눈을 들어 보니 덤불에 뿔이 걸린 숫양 한 마리가 있었고, 이에 그는 양을 끌어와 아들 대신 번제물로 바쳤습니다. 하느님께서 손수 제물을 마련해 주신 것이지요!

하느님께서 직접 개입하셔서 아들을 죽여 바치려던 아브라함의 행동을 멈추게 하셨습니다. 이사악의 희생 제사 이야기는 결국 하느님께서 '인간의 잘못된 관습'을 그만두게 하신 이야기로 보입니다. 즉 잘못된 인간 관습에 대해 '하느님께서 하신 단죄의 말씀'으로 이해되기도 합니다. 실제로 성서학자들은, 창세기의 저자가 이 설화를 통해 "이스라엘은 가나안 사람들이 바치는 어린이 희생 제사에 비해 하느님께 너무나 미약한 제물을 바치고 있지는 않은가?"하는 물음에 대한 답을 주고자 한 것으로 보고 있습니다.

이런 사항들을 종합해 볼 때, 이 이야기는 '하느님께 대한 사람의 경외심'에 있어서 가장 중요한 것은 '사람을 제물로 바치는 희생 제사'가 아니라 '하느님의 뜻을 더 중요하게 생각하는 사람의 마음'임을 강조하고 있습니다. 즉 하느님께서 사람에게 아무리 소중한 것을 요구하신다고 해도 그것을 드림에 아까워하지 않는 자세, 그분께 대한 전적인 믿음으로 끝까지 순종하는 자세, 한마디로 하느님의 부르심에 대한 성실한 응답의 자세가 중요하다는 것입니다. 또한 이 이야기는 사람대신 짐승을 바침으로써 첫아들의 목숨이 속량되어야 한다는 율법의 정당성을 주장하는 메시지도 담고 있습니다.

하느님의 말씀에 따라 목숨을 건 여행길을 떠났던 아브라함은 이제 "사랑하는 외아들을 번제물로 바쳐라." 하시는 하느님의 말씀에(인간적으로는 도저히 동의할 수 없었음에도 불구하고) 결국 순명하였습니다. 교부들에 의하면, 노인 아브라함이 자신의 생명보다 더 귀한 외아들을 바친 것은 '성부 하느님께서 외아들을 희생 제물로 내어놓으심'에 대한 예표가 됩니다.

아브라함의 신앙이 극심한 시험을 통해서 완성되고 드러났듯이 우리의 믿음도 그러할 것입니다. 어떠한 시험도 겪지 않는 신앙은 있을 수 없고 기대할 수도 없습니다. 우리의 신앙은 시련과 십자가의 길을 통해 깊어가기 때문입니다. 비록 우리가 생각하기에는 하느님께서 당신의 약속과 다른 것을 주신다고 하더라도 종국에는 그 약속을 꼭 지키고 이루어 주실 것이라 믿고 늘 순명하며 살아갑시다!

10
야곱과 하느님의 축복

에사우와 야곱의 탄생, 에돔과 이스라엘의 유래

창세기 25장 중반부에 다음 이야기가 있습니다. 아브라함의 아들인 이사악이 나이 마흔에 라반의 누이인 레베카를 아내로 맞이하였는데, 그 아내가 임신하지 못하는 몸이었기 때문에 주님께 기도하였습니다.(21절 참조) 이사악의 나이 예순 살이 되었을 때 주님께서 그 기도를 들어주시어 레베카는 임신하게 됩니다. 그런데 배 속에서 아기들이 서로 부딪쳐 대자 주님께 문의했고, 이에 주님께서는 "너의 배 속에는 두 민족이 들어 있다. 두 겨레가 네 몸에서 나와 갈라지리라. 한 겨레가 다른 겨레보다 강하고 형이 동생을 섬기리라."(창세 25,23) 하셨습니다. 이 말씀대로 야곱은 쌍둥이 형인 에사우와 경쟁하고, 외삼촌 라반과도 경쟁하며, 그 아들들에 이르러서는 스켐 사람들과 다툼을 벌이게 됩니다.

선둥이가 나왔는데 살갗이 붉고 온몸이 털투성이라, 그의 이름을 에사우라 하였다. 이어 동생이 나오는데, 그의 손이 에사우의 발뒤꿈치를 붙잡고 있어, 그의 이름을 야곱이라 하였다.(창세 25,25-26)

이 아이들이 자라서, 에사우는 솜씨 좋은 사냥꾼 곧 들사람이 되고, 야곱은 온순한 사람으로 천막에서 살았다.(창세 25,27)

창세기 저자는 야곱과 에사우의 출생 이야기를 들려주며, 후일에 벌어지는 이스라엘과 에돔의 역사를 풀이하는 듯 보입니다. 그 근거로 볼 수 있는 대목은 다음과 같습니다. 야곱이 죽을 끓이고 있을 때 에사우가 허기진 채 들에서 돌아와 야곱에게 이렇게 말합니다.

"허기지구나. 저 붉은 것, 그 붉은 것 좀 먹게 해 다오." 하고 말하였다. 그리하여 그의 이름을 에돔이라 하였다.(창세 25,30)

여기서 '에돔'은 '붉다' 즉 '붉은 이'라는 뜻인데요, 창세기는 이 이야기를 통해 에돔민족의 기원을 밝히고 싶은 것입니다. '에사우'라는 이름이 '털투성이'를 뜻하는 히브리 말 '세아르'와 그가 장차 살게 될 산악지방인 '세이르'와 연관이 있어 보이고,

이 에사우가 '붉다'를 뜻하는 '에돔인'들의 조상이 되었다는 것이지요. 이스라엘과 에돔 두 민족은 왜 이웃하고 있으면서도 곧잘 싸움을 벌이는 사이가 되었을까요? 창세기의 저자는 그 둘이 원래는 한 민족이었지만, 과거에 있었던 안 좋은 일 때문에 견원지간犬猿之間이 되었다고 풀이하고 있는 것입니다.

이사악과 레베카가 보인 자식에 대한 편애

창세기는 위에서 언급한 대목 외에 다음과 같은 인상적인 구절을 전하고 있습니다.

이사악은 사냥한 고기를 좋아하여 에사우를 사랑하였고, 레베카는 야곱을 사랑하였다.(창세 25,28)

창세기의 표현은 야곱과 에사우의 사이에 편애적偏愛的인 부모의 사랑이 문제가 되었음을 암시하고 있습니다. 아버지는 고기를 좋아해서 사냥을 잘하는 큰 아들을 사랑한 반면, 어머니는 작은 아들을 사랑했다는 것입니다. 고기 때문에 큰 아들을 편애한 이사악과는 달리 레베카가 야곱을 사랑한 이유는 나와있지 않습니다. 어쩌면 레베카는(에사오보다 나은) 야곱의 장점을 일찍부터 알아보았거나, 아니면 남편이 큰 아들에 대해 보이는 편애에 대한 반발로 작은 아들을 더 사랑한 건지도 모릅니다. 어쨌든 후일 레베카는 남편이 에사우에게 하는 말을 엿듣고는 장자에게 내려줄 축복을 에사우가 아니라 야곱이 받을 수 있도록(부정한?) 역할을 하게 됩니다. (장자 아닌 아들이) 합법적인 축복의 상속이 아니라 인간적인 술수로 축복을 가로채도록 한 것이지요.

장자 에사우가 보인 존재의 가벼움

창세기 25장 후반부에는 이사악의 쌍둥이 아들인 에사오와 야곱 사이에 벌어진 어이없는 이야기가 나옵니다. 야곱이 죽을 끓이고 있을 때 허기진 채 들에서 돌아온 에사우가 "죽 좀 먹자."고 하니 야곱이 "먼저 형의 맏아들 권리를 나에게 팔아라."고 했고, 이에 에사우가 맹세까지 하면서 그 권리를 팔았다는 것입니다.

내가 지금 죽을 지경인데, 맏아들 권리가 내게 무슨 소용이겠느냐?(창세 25,32)

에사우는(아무리 쌍둥이라지만) 잠시의 배고픔을 못이겨 장자의 권리를 (잠시적인) 먹을 것에 팔아버렸습니다. 그리하여 (자신이 가진 장자로서의 위치를 하찮게 여기고 말았던) 에사우는 후일 아버지 이사악이 세상을 떠날 때 그 자신이 당연히 받아야 할 장자에 대한 축복을 동생에게 빼앗기는 우愚를 범하고 말았습니다. 창세기는 이렇게 장자로서의 자격이 부족한 에사우를 구원의 역사에서 배제하고, 귀한 하느님의 축복을 진지하게 받아들인 야곱을 역사의 전면에 내세우고 있습니다.

이제 저를 두 번이나 속였으니, 야곱이라는 그 녀석의 이름이 딱 맞지 않습니까? 저번에는 저의 맏아들 권리를 가로채더니, 보십시오, 이번에는 제가 받을 축복까지 가로챘습니다.(창세 27,36)

에사우는 자신이 당연하게 받을 축복을 야곱이 가로챘다고 울부짖었습니다. 하지만 그 축복은 누구에게 내려질 축복이었습니까? 에사우는 잠시의 배고픔도 견디지 못하고 죽을 지경으로 여기면서 죽 한 그릇에 맏아들의 권리를 팔아버렸으니 나아가 장자에 대한 축복까지 포기한 것 아닐까요? 뿐만 아니라 에사우는 마흔 살 되던 해에 이민족 여인들을 아내로 맞아들여 이들이 이사악과 레베카에게 근심거리가 되었다고 합니다.(창세 26,34 참조) 창세기는 이렇듯 에사우를(이사악의 축복 전에) '맏아들의 자격을 이미 상실한 사람'으로 그리면서, 그 축복에 대한 권리가 이제 '하느님의 축복을 귀하게 여긴 야곱'에게 있음을 시사하고 있습니다.

하느님의 축복을 받은 야곱의 성실함과 지혜로움

'야곱'이라는 이름은 기원전 이천 년대의 메소포타미아 문헌들과 그리고 기원전 일천 년대의 시리아와 팔레스티나 문헌들에서 발견되는 이름 중 하나로 본디 '하느님께서 보호해 주시기를!'이라는 뜻을 지닌 것으로 여겨집니다. 하지만 창세기에서 야곱은 25장 26절의 '아켑'(발뒤꿈치)과 27장 36절의 '아캅'(속이다)이라는 두 단어와 관련된 이름으로 나타납니다. 즉 쌍둥이 동생이 형의 발뒤꿈치를 붙잡고 있어서 그 이름을 야곱으로 했다는 것이고, 그 이름대로 형을 속였다는 것입니다. 이와 관련해서 에사우가 "이제 저를 두 번이나 속였으니, 야곱이라는 그 녀석의 이름이 딱 맞지 않습니까?"(창세 27,36)라고 한 것이지요.

야곱은 성실하고 지혜로운 사람이었습니다. 야곱은 라반의 집에 머물면서 열심히 일하여 그의 두 딸을 아내로 얻을 만큼 신임을 얻었고, 라반의 재산을 크게 불어나게 하였습니다. 그리고 마침내 라반과의 투쟁에서 이기고 자신도 대단한 부자가 되어 수많은 양과 염소뿐만 아니라 여종과 남종, 낙타와 나귀들을 거느리게 되었습니다. 야곱이 누린 이러한 부는 일찍이 아버지 이사악이 빌어준 축복을 떠올리게 합니다.

하느님께서는 너에게 하늘의 이슬을 내려 주시리라. 땅을 기름지게 하시며 곡식과 술을 풍성하게 해 주시리라. 뭇 민족이 너를 섬기고 뭇 겨레가 네 앞에 무릎을 꿇으리라. 너는 네 형제들의 지배자가 되고 네 어머니의 자식들은 네 앞에 무릎을 꿇으리라. 너를 저주하는 자는 저주를 받고 너에게 축복하는 자는 복을 받으리라.(창세 27,28-29)

야곱이 받은 새로운 이름 '이스라엘'

야곱이 라반과 계약을 맺고 에사우를 만나러 가는 길이었지요. 야곱은 자신에게 딸린 모든 것을 먼저 보내고 혼자 남아 밤을 지내게 되었습니다. 그때 하느님의 천사로 보이는 어떤 사람이 나타나 동이 틀 때까지 야곱과 씨름을 하게 되었는데, 그가 야곱을 이길 수 없다는 것을 알고 야곱의 엉덩이뼈를

쳐서 다치게 하였습니다. 그리고 그만 동이 트려고 하자 이제 그만 놓아달라는 그에게 야곱은 "저에게 축복해 주시지 않으면 놓아 드리지 않겠습니다." 하였고, 이에 그는 "네가 하느님과 겨루고 사람들과 겨루어 이겼으니, 너의 이름은 이제 더 이상 야곱이 아니라 이스라엘이라 불릴 것이다."(창세 32,29) 하고 복을 내려 주었습니다. 이렇듯 야곱은 하느님의 축복을 정말 중요한 것으로 생각하고 참으로 갈망하였으며, 축복을 얻기 위하여 모든 정성을 다해 매진했다는 것을 알 수 있습니다.

'이스라엘'Israel은 '하느님께서 싸우시기를!' '하느님께서 당신 자신을 강하게 드러내시기를!'이라는 뜻을 지니고 있습니다. 훗날 야곱이 베텔로 돌아가자 하느님께서 나타나 복을 내려 주시면서 말씀하셨습니다.

너의 이름은 야곱이다. 그러나 더 이상 야곱이라 불리지 않을 것이다. 이스라엘이 이제 너의 이름이다.(창세 35,10)

이렇게 하느님께서는 야곱에게 일찍이 내리신 축복을 더해 주시며 그가 불리게 될 새로운 이름대로 '이스라엘 민족'이 생겨날 것이라는 암시를 주십니다.

나는 전능한 하느님이다. 자식을 많이 낳고 번성하여라. 너에게서 한 민족이, 아니 민족들의 무리가 생겨날 것이다. 네 몸에서 임금들이 나올 것이다. 내가 아브라함과 이사악에게 준 땅을 너에게 준다. 또한 네 뒤에 오는 후손들에게도 그 땅을 주겠다.(창세 35,11-12)

과연 이스라엘이라는 이름대로 야곱의 열두 아들은 이스라엘 민족 열두 지파의 기원을 이루며 가나안에 정착합니다. 그리고 하느님께서 주도하시는 숱한 전쟁을 벌이게 되지만, '하느님께서 늘 이스라엘을 이끌고 지켜 주신다는 믿음'을 잃지 않았습니다.

창세기에서 야곱은 인간적인 술수로 하느님의 축복을 얻은 것으로 그려지고 있습니다. 그러나 야곱은 하느님의 축복이 자신의 삶에 꼭 필요한 요소임을 알고 그것을 얻기 위하여 모든 힘을 다합니다. 축복을 그저 요행을 바라듯 하지 않고 축복을 신뢰하며 열심히 일한 사람이기도 합니다. 창세기가 그리는 야곱은 비록 완전하지는 않다 하더라도 하느님께 변함없는 믿음을 두고 일생 충성스럽게 하느님을 믿고 섬겨온 인물이었고, 그래서 풍성한 축복을 받은 사람이었습니다.

인간에 대한 하느님의 선택과 축복은 인간의 재주와 노력만으로 (혹은 우연적인 일로) 얻어지는 것이 아니라 어디까지나 하느님의 자유로운 뜻에 달렸다는 것이 성경의 변함없는 가르침이기도 합니다. 우리가 받아야 할 축복은 먼저 하느님의 뜻에 부합해야 하는 것이지요. 내가 바라는 축복은 과연 하느님께서 바라시는 것인가요? 나의 일생은 하느님께 얼마나 충실한 가운데 펼쳐지고 있는지요?

11
꿈의 남자 요셉과 하느님의 섭리

아버지의 사랑과 형들의 질투

창세기는 '야곱과 에사우의 이야기'에 이어 "야곱은 자기 아버지가 나그네살이하던 땅 곧 가나안 땅에 자리를 잡았다. 야곱의 역사는 이러하다."는 말로 37장을 시작하고 있습니다. 그런데 창세기 38장 '유다와 타마르' 이야기를 제외하고는 후반 37장부터 마지막 50장까지 대부분 '요셉에 관한 이야기'에 할애할 만큼, 요셉은 야곱의 역사에서 빼놓을 수 없는 인물로 묘사됩니다.

이스라엘은 요셉을 늘그막에 얻었으므로, 다른 어느 아들보다 그를 더 사랑하였다. 그래서 그에게 긴 저고리를 지어 입혔다. 그의 형들은 아버지가 어느 형제보다 그를 더 사랑하는 것을 보고 그를 미워하여, 그에게 정답게 말을 건넬 수가 없었다."(창세 37,3-4)

창세기 35장 후반부는 야곱에게 열두 아들이 있었다고 전하는데, 막내 벤야민을 제외한다면 10명의 아들이 하나같이 요셉을 미워했다고 합니다. 아버지 야곱이 요셉을 편애했다는 것인데요, 그 일이 그토록 큰 잘못이었을까요? 요셉에 대한 형들의 미움은 연로한 아버지에게 사랑받는 동생을 향한 질투에서 생겨났을 것이라는 추측을 하게 됩니다. 비록 요셉이 아직 철이 나지 않아 꿈에서 부모까지 자신에게 절을 하더라는 식으로 눈치 없이 이야기를 했다지만, 어린 동생에게 따뜻한 말 한마디 건네지 않을 정도였다니, 배다른 형들이 품었을 미움이 얼마나 컸을까 싶습니다. 창세기는 이런 상황 속에서 요셉에게 하느님의 손길이 일찍부터 닿고 있었음을 야곱의 말을 통해 암시하고 있습니다.

"네가 꾸었다는 그 꿈이 대체 무엇이냐? 그래, 나와 네 어머니와 네 형들이 너에게 나아가 땅에 엎드려 큰절을 해야 한단 말이냐?" 형들은 그를 시기하였지만, 그의 아버지는 이 일을 마음에 간직하였다.(창세 37,10-11)

아마도 야곱은 요셉의 꿈이 하느님에게서 오는 것이고, 또 그 꿈이 실현될 수도 있다는 생각을 했을 것입니다. 그래서 그 꿈 이야기를 마음 깊이 간직한 것 아닐까요?

저기 저 꿈쟁이가 오는구나. 자, 이제 저 녀석을 죽여서 아무 구덩이에나 던져 넣고, 사나운 짐승이 잡아먹었다고 이야기하자. 그리고 저 녀석의 꿈이 어떻게 되나 보자.(창세 37,19-20)

요셉의 형들은 이렇게 말했지만 큰 형 르우벤은 그들 손에서 요셉을 살려낼 생각으로 "목숨만은 해치지 말자."고 설득하였습니다. 그러나 형들은 옷을 벗기고 구덩이에 던져 버립니다. 구덩이에 던져진 요셉은 이제 유다의 개입으로 미디안 상인들에게 팔려 이집트로 끌려가게 됩니다. 르우벤의 마음이 그 동생들에게 전해진 것일까요? 이스라엘인들의 대상이 가까이 다가오자 유다가 형제들에게 말했습니다. "우리가 동생을 죽이고 그 아이의 피를 덮는다고 해서, 우리에게 무슨 이득이 있겠느냐? 자, 그 아이를 이스마엘인들에게 팔아 버리고, 우리는 그 아이에게 손을 대지 말자. 그래도 그 아이는 우리 아우고 우리 살붙이가 아니냐?" 요셉에 대한 질투와 미움과 분노로 이성을 상실해 버린 다른 형제들의 악행 속에서도 맏이 르우벤은 요셉을 살리려고 노력하였고, 유다는 최악을 피하는 방안을 내놓았습니다. 그들이 발휘한 이러한 지혜(?)는 하나님께서 이끌어 주신 배려에서 나온 것으로 보입니다.

'어린 요셉에 대해 형들이 갖게 된 미움'의 이야기는 '한 사람에 대한 편애는 또 다른 사람에 대한 시기심을 낳을 수 있다는 것'을 시사하고 있습니다. 우리 안에 생겨나는 편애의 마음과 시기심들을 경계해야 하겠습니다. 요셉은 죽음의 문턱에서 르우벤의 배려로 삶을 유지할 수 있었습니다. 곤경에 빠진 사람이 있다면 그에 대해 연민의 정을 가집시다. 누군가를 살리려고 하면 길이 보일 것입니다!

인생 밑바닥의 요셉에게 내려진 축복

미디안인들은 요셉을 이집트로 끌고 갔고, 그곳에서 그들은 요셉을 (파라오의 내신으로서 경호대장을 하던) 포티파르에게 팔아넘겼습니다. 요셉은 먼 나라의 노예살이라는 비참한 상황에 처했지만 창세기는 '하느님께서 요셉과 함께하셨고, 요셉이 하는 일마다 다 잘 되게 하셨다'고 기록하며 요셉을 칭송하고 있습니다.

주님께서 요셉과 함께 계셨으므로, 그는 모든 일을 잘 이루는 사람이 되었다.(창세 39,2)

주님께서는 요셉 때문에 그 이집트 사람의 집에 복을 내리셨다.(창세 39,5)

하지만 이런 요셉에게 또 다른 시련이 닥칩니다. 포티파르의 아내가 용모가 아름다운 요셉에게 유혹의 손길을 뻗쳤습니다. 요셉이 거절하자 그녀는 오히려 요셉이 자신을 희롱하려 했다고 누명을 씌웁니다. 그렇게 감옥에 갇힌 요셉에게 하느님의 축복은(감옥이라는 한계 속에서도) 멈추지 않았습니다.

주님께서는 요셉과 함께 계시면서 그에게 자애를 베푸시어, 전옥典獄: 교도소의 우두머리의 눈에 들게 해 주셨다. …… 주님께서 요셉과 함께 계셨으며, 그가 하는 일마다 주님께서 잘 이루어 주셨기 때문이다.(창세 39,21-23)

요셉에 대한 창세기의 칭송은 계속됩니다. 요셉은 함께 감옥에 갇혀있던(파라오에게 술잔을 올리던 헌작) 시종의 꿈을 풀이해 주었고, 요셉의 해몽대로 복직된 시종이 이 년 뒤 (파라오가

꾼 꿈을 풀이할 사람을 찾지 못해 진노했을 때) 요셉을 불러들임으로써 살 길이 열리게 되었습니다. 요셉은 왕에게(꿈 풀이는 물론) 앞으로 이집트 땅에 닥칠 일곱 해의 대풍과 일곱 해의 기근을 예고하면서 앞으로의 대비책까지 내놓았고, 이에 파라오는 자기 신하들에게 "이 사람처럼 하느님의 영을 지닌 사람을 우리가 또 찾을 수 있겠소?"(41,38) 하며 슬기롭고 지혜로운 요셉에게 나라를 다스릴 모든 권한을 주었습니다. 이렇게 요셉은 나이 서른에 이집트의 최고 재상이 되었습니다.

요셉은 숱한 역경 속에서도 하느님의 섭리에 절대적으로 신뢰하였습니다. 우리의 생명과 삶은 오로지 하느님의 손 안에 있습니다. 내가 인생의 밑바닥에 내쳐질지라도 구원하는 하느님의 손길은 계속됨을 잊지 맙시다. 아무리 힘들어도, 어떠한 경우라도, 삶의 끈을 놓아버리는 일이 없어야 합니다. 하느님께서 그 희망의 끈을 당겨주실 것이니까요!

기근으로 죽을 처지의 가족을 구한 요셉

요셉의 말대로 이집트 온 땅에 기근이 퍼지자 요셉은 그간 준비한 곡식 창고를 모두 열고 이집트인들에게 곡식을 팔았습니다. "이집트 사람뿐 아니라 온 세상이 요셉에게 곡식을 사려고 이집트로 몰려들었는데, 그것은 온 세상에 기근이 심하였기 때문이었다."는 설명을 창세기는 덧붙이고 있습니다. 가나안에서 살던 야곱의 가족도 마찬가지였습니다. 야곱은 아들들에게 이렇게 말하였습니다.

내가 들으니 이집트에는 곡식이 있다는구나. 그러니 그곳으로 내려가 곡식을 사 오너라. 그래야 우리가 죽지 않고 살 수 있겠다.(창세 42,2)

야곱은 아들들을 이집트로 곡식을 사러 가는 일행에 함께 보냅니다. 그러면서도 야곱은 아들들이 혹시 무슨 변을 당할까 (요셉의 아우) 벤야민은 함께 보내지 않았습니다. 이집트를 통치하며 그 나라의 모든 백성에게 곡식을 팔고 있던 요셉에게 형들이 와서(일찍이 요셉의 꿈 이야기 대로) 얼굴을 땅에 대고 절을 하였습니다. 그때 요셉은 형들을 염탐꾼들로 몰아세우면서, 처음에는 형제 가운데 한 사람만 집으로 돌아가서(그들이 아버지와 함께 있다던) 막내아우를 데리고 와야만 그들을 믿을 것이라며 감옥에 가두었습니다. 그러나 사흘 뒤에는 생각을 바꾸어 한 사람만 감옥에 남고 나머지는 굶주린 식구들을 위해 곡식을 가져가되 막내아우를 자신에게 데려오면 죽음을 면하게 될 것이라 말하였습니다. 형들은 요셉을 알아보지 못하고 그렇게 하겠다고 약속하고 서로 이야기 합니다.

그래, 우리가 아우의 일로 죗값을 받는 것이 틀림없어. 그 애가 우리에게 살려 달라고 애원할 때, 우리는 그 고통을 보면서도 들어 주지 않았지. 그래서 이제 이런 괴로움이 우리에게 닥친거야. …… 이제 우리가 그 아이의 피에 대한 책임을 지게 되었다.(창세 42,21-22)

형들은 요셉이(자신들이 하는 말을) 알아듣지 못할 거라고 생각하고 이 말을 한 것입니다. 형제의 이야기에서 그들이 진실로 뉘우치고 있다는 진실성을 엿볼 수 있지요.

요셉은 그들 앞에서 물러 나와 울었다.(창세 42,24)

창세기는 형들의 말을 들은 요셉이 그들의 뉘우치는 마음을 알고 눈물을 흘렸다고 전합니다. 결국(가져간 돈은 그대로 둔 채 많은 곡식을 나귀에 싣고 가나안 땅으로 돌아간) 형들은 아버지를 설득하여 벤야민을 데려왔으나, 요셉은 그들을 환대한 후(벤야민의 곡식 자루에 숨겨 두었던 자신의 은잔을 빌미로) 벤야민을 종으로 남겨 놓고 아버지에게 돌아가라 명하였습니다. (그간 너무나 외로웠던 요셉이 형들에 대한 아픔을 가슴에 묻고 친동생 벤야민과 이국땅에서라도 형제의 정을 나누며 살고자 한 것일까요?) 이에 유다는 그 아이가 없는 것을 늙은 아버지가 알게 되면 상심하여 죽고 말 것이라며 애원하였습니다.

이제 이 종이 저 아이 대신 나리의 종으로 여기에 머무르고, 저 아이는 형들과 함께 올라가게 해 주십시오.(창세 44,33)

그러자 요셉은 더 이상 자신을 억제하지 못한 채 큰 울음을 터뜨리고 마침내 자신이 바로 형들이 팔아넘긴 요셉이라고 밝힙니다. 그러면서 요셉은 자신이 형들에 의해 이집트로 팔려온 것은 다 '하느님의 섭리'였다고 고백합니다.

파라오의 호의로 야곱의 가족은 이집트에서 가장 좋은 곳인 라메세스 지방에 머무르며 살아가게 되었습니다. 그리고 이는 장차 모세가 이끄는 이집트 탈출의 배경이 됩니다. 이집트에서 이스라엘의 비참한 종살이의 출발점이 바로 요셉을 통한 이스라엘 가족의 구출이었고, 이는 결국 하나님의 섭리 안에서 생겨난 일이었습니다.

악에서마저도 선을 이끌어 내시는 하나님

요셉이 감당해야 했던 삶을 돌아봅니다. 요셉은 형제들에게서 버림받았고, 노예로 팔려 비참한 삶을 살았습니다. 그럼에도 그는 최선을 다해 성실히 살았고, 남을 도와주었으며, 불의한 유혹을 물리쳤고, 정의를 지키면서 살았습니다. 그렇게 살고서도 불의한 모함으로 감옥에 갇힌 요셉은 감옥 속에서도 (하나님의 도우심으로) 이집트를 곤경에서 구하였습니다. 이집트에서 종살이를 하던 그는 오히려 이집트를 다스리는 사람이 되었고, 가족 전체를 구하여 이스라엘의 열두 지파에게 삶의 길을 열어 주었습니다. 그러나 이 모든 일은 요셉이 잘나서 (인간적인) 능력과 힘으로 이루어진 것이 아니라, 어디까지나 하나님께서 요셉과 함께하셔서 이루어진 것임을 창세기 저자는 분명히 밝히고 있습니다. 이는 요셉이 파라오에게 한 말을 통해서 잘 드러납니다.

하느님께서 앞으로 당신께서 하고자 하시는 바를 파라오께 알려 주시는 것입니다.(창세 41,25)

요셉이 형들에게 한 다음 말에서 하느님의 섭리라는 인식은 더욱 분명하게 드러납니다.

이제는 저를 이곳으로 팔아넘겼다고 해서 괴로워하지도, 자신에게 화를 내지도 마십시오. …… 하느님께서는 나를 여러분보다 앞서 보내시어, 여러분을 위하여 자손들을 이 땅에 일으켜 세우고, 구원받은 이들의 큰 무리가 되도록 여러분의 목숨을 지키게 하셨습니다. 그러니 나를 이곳으로 보낸 것은 여러분이 아니라 하느님이십니다.(창세 45,5-8)

창세기가 전하는 요셉의 이야기는 '하느님은 인간이 처한 세상의 절망적인 상황에서도 선을 이끌어 내실 수 있는 분'이심을 비유적으로 표현하고 있습니다. 이스라엘이 믿는 하느님은 '드러나지 않으면서도 인간의 역사를 이끄시는 분'이시며 마침내 '악惡에서도 선善을 이끌어 내실 수 있는 분'이심을 역설하고 있습니다.

사람들은 세상을 살면서 "왜 이 세상에 악이 존재하는 것인가?"라는 질문을 자주 합니다. 하지만 우리는 창세기의 신학에서 이에 대한 해답의 실마리를 찾아낼 수 있습니다. 요셉을 통해 드러난 하느님의 섭리를 보며, 나의 삶을 통해서는 하느님의 섭리가 어떻게 구현具現되고 있는지를 생각해 보았으면 합니다. 비록 내가 악의 길을 걸을지라도 하느님께서는 그 길을 비추고 적시는 햇볕과 빗물처럼 당신의 손길을 거두지 않으실 것입니다. 어떠한 처지에서도 하느님을 신뢰하십시오!

12
그 아버지에 그 아들, 야곱과 요셉
- 하느님 섭리의 사람

내 아들의 아들은 곧 나의 아들

이스라엘은 이집트 땅 고센 지방에 머물게 되었다. 그들은 그곳에 소유지를 얻어 자식들을 많이 낳고 크게 번성하였다.(창세 47,27)

야곱은 짐승에게 찢겨 죽었다고 생각했던 아들 요셉의 도움으로 오랜 가뭄에서 살아남았고, 이집트 땅에 정착하여 여생을 보내던 중 이제 147세의 나이로 죽음을 앞두고 있었습니다. 그는 자신이 죽고 나면 조상들의 곁에 묻어줄 것을 요셉에게 맹세하도록 했습니다. 이런 일이 있은 뒤 요셉은 아버지가 아프다는 소식을 듣고 두 아들 므나쎄와 에프라임을 데리고 야곱에게 갔습니다. 그리고 야곱은 요셉에게 앞으로의 축복을 약속하신 하느님의 말씀을 전하였습니다. 야곱이 전한 말씀은 다음과 같습니다.

이집트 땅에서 태어난 너의 두 아들을 내 아들로 삼아야겠다. 에프라임과 므나쎄는 르우벤과 시메온처럼 내 아들이 되는 것이다. 이 아이들 다음에 너에게서 태어난 자식들은 너의 아이들이다. 그들은 제 형들의 이름으로 상속 재산을 받을 것이다.(창세 48,5-6)

야곱이 요셉의 아들들을 자신의 양자로 삼겠다는 것은 할아버지가 손자를 자신이 낳은 아들로 여긴다 한 셈이지요. "그들(에프라임과 므나쎄의 자식들)은 제 형들의 이름으로 상속 재산을 받을 것이다."라는 말에서 분명히 드러나듯이, 야곱이 에프라임과 므나쎄를 아들의 항렬에 올린다는 것은 그들에게 엄연한 족장의 신분을 부여한다는 것입니다. 이는 후일 요셉의 후손들이 이집트를 탈출한 후 에프라임 또는 므나쎄 지파 소속으로 가나안에서 약속의 땅을 분배받는 자격을 암시합니다. 또한 이는 이스라엘 열두 지파의 이름에 대한 설명이기도 합니다.(여호 13-19장 참조) 즉 야곱의 열두 아들 가운데 레위와 요셉 지파가 아니라 므나쎄와 에프라임 지파가 생겨난 배경을 설명한 것입니다.(창세 35,23-26 '야곱의 열두 아들' 참조)

형의 축복을 가로챘던 야곱의 축복

"이 아이들은 누구냐?" "이 아이들은 하느님께서 이곳에서 저에게 주신 아들들입니다." "아이들을 나에게 데려오너라. 내가 아이들에게 축복하겠다." 요셉이 두 아이를 이스라엘(야곱) 앞에 데려다 놓으니, 이스라엘은(의도적으로) 손을 엇갈리게 내밀어 작은아들인 에프라임의 머리에 오른손을, 맏아들인 므나쎄의 머리에는 왼손을 얹어 축복하였습니다. '손을 머리에 얹음'은 고대사회에서 '누군가에게 신의 가호를 비는 상징'으로 여겨졌는데, 이스라엘은 이러한 행동과 함께 다음의 말로써 하느님의 축복을 빌어 주었습니다.

저를 모든 불행에서 구해 주신 천사께서는 이 아이들에게 복을 내려 주소서. 나의 이름과 내 조상 아브라함과 이사악의 이름이 이 아이들에게 살아 있으리라. 또한 이들이 세상에서 크게 불어나리라.(창세 48,16)

요셉은 아버지가 작은 아들을 먼저 축복하는 것이 못마땅하여 아버지가 하는 축복의 순서를 바로잡으려고 하였습니다. 하지만 야곱은 거절하며 말하였지요.

아들아, 나도 안다, 나도 알아. 이 아이도 한 겨레를 이루고 크게 될 것이다. 그러나 그의 아우가 그보다 더 크게 되고, 그의 후손은 많은 민족을 이룰 것이다.(창세 48,19)

이는 훗날의 역사에서 에프라임 지파가 형인 므나쎄 지파보다도 정치적인 우위에 있게 된다는 사실을 암시합니다. 창세기의 저자는 이 이야기를 통해 이스라엘 지파들의 현실은 하느님의 섭리에 의해 인도되어 온 역사임을 말하는 것입니다. 실제 에프라임 지파는 후일 가나안을 정복한 다음 비옥하고 초지가 많은 팔레스티나 중부지역을 할당받아 크게 번성하였고, 솔로몬이 죽자 기원전 933년 남쪽의 유다 지파와 결별하고 주변 지파와 연합하여 이스라엘이라는 새로운 왕국을 세우게 됩니다. 이런 이유로 예언자 호세아는 북왕국 이스라엘을 '에프라임'이라 부르기도 하였습니다.

나는 에프라임을 안다. 이스라엘은 내 앞에 다 드러나 있다. 에프라임아, 정녕 너는 지금 불륜을 저지르고 이스라엘은 더럽혀졌다.(호세 5,3)

그런가하면 므나쎄 지파는 가나안 정복 이후 요르단 강을 사이에 두고 동서로 갈라져 생활하였고, 같은 지파 안에서의 상호 교류가 뜸해짐에 따라 세력이 약화되었습니다.(므나쎄 지파는 제일 넓은 땅을 차지하였으나 요르단 강 서쪽 지방과 요르단 강 동쪽 북부 지방 두 곳으로 갈라져서 생활했던 것입니다.) 요셉의 맏아들이었지만(결과적으로) 계승권을 동생에게 양보한 셈이지요.

야곱이 손을 엇갈리게 하여 동생을 먼저 축복했던 일은 자신이 형의 축복을 가로챘던 과거를 떠올리게 합니다. 형이 받아야 할 축복이 자신에게 내렸던 것을 하느님의 뜻으로 여겼던 야곱은 장차 요셉의 아들들에게 내리게 될 하느님의 축복을 내다보았던 것 같습니다.

하느님의 축복은 우리들의 인간적인 생각과는 얼마든지 다를 수 있음을 야곱과 요셉의 이야기에서 깨달을 수 있습니다. 우리에게 중요한 것은 하느님 축복을 참으로 갈망하고, 그 축복을 받기에 맞갖은 내가 되려고 노력하는 자세입니다. 마침내 하느님의 축복이 나에게 내려진다면 이제는 축복을 받은 자답게 살아가려고 힘쓰는 마음가짐이 중요하겠습니다. 하느님의 축복에 합당한 님들이 되시기를 바랍니다!

아들 각자에게 알맞은 축복의 기도

창세기의 마지막 부분은 야곱이 자신의 아들들을 불러 유훈遺訓을 남기는 모습을 감동적으로 전하고 있습니다. 그런데 야곱은 좋은 말로 축복하지만, 따끔한 비난의 말 혹은 저주에 가까운 말로 질책하기를 서슴지 않습니다.

- 르우벤에게 : 너는 남보다 뛰어나지 못하리라.(49,4)
- 시메온과 레위에게 : 포악한 그들의 격분, 잔악한 그들의 분노는 저주를 받으라.(49,7)
- 유다에게 : 네 형제들이 너를 찬양하리라.(49,8) 왕홀이 유다에게서, 지휘봉이 그의 다리 사이에서 떠나지 않으리라.(49,10)
- 즈불룬에게 : 바닷가에 살며 배들의 항구가 되고 그 경계는 시돈에 이르리라.(49,13)
- 아세르에게 : 양식이 넉넉하여 임금에게 진미를 올리리라.(49,20)
- 요셉에게 : 열매 많은 나무, 샘 가에 심긴 열매 많은 나무, 그 가지가 담장 너머로 뻗어 간다. 이는 …… 네 아버지의 하느님 덕분이다. 그분께서 너를 도우시리라. 전능하신 분 덕분이다. 그분께서 너에게 복을 내리시리라.(49,22-25)

위의 예例에서 보듯이 야곱의 말은 자식의 미래에 대한 예언, 자식이 저지른 일에 대한 책망, 자식의 현재에 대한 설명 등을 담고 있는데, 이러한 야곱의 말들은 후일 지파들의 번성과 몰락의 역사에 대한 암시를 담고 있습니다. 하지만 야곱이 자신의 임종을 앞두고 아들들을 위해 한 축복의 기도는 그의 가족을 넘어 이스라엘 전 백성에 대한 축복으로 이어졌습니다. 창세기는 이 기도가 곧 이스라엘 열두 지파에 대한 하느님의 축복임을 다음의 표현으로 분명히 하고 있습니다.

이들이 모두 이스라엘의 열두 지파다. 이것은 그들의 아버지가 그들 각자에게 알맞은 복을 빌어 주면서 한 말이다.(49,28)

야곱은 그저 듣기 좋은 말로써 자식을 축복하는 데 그치지 않고, 축복을 받기에 합당한 자세를 요구하였습니다. 자식들에게 필요하다고 판단되는 채찍과 매까지 들기를 마다하지 않았습니다. 야곱은 자식들을 제대로 양육해야 할 의무를 지닌 아버지로서 마지막까지 책임을 다하며 하느님의 축복을 빌어준 것이지요. 교육적인 면에서 보면 자녀의 사기를 꺾는 기도라고 여겨지겠지만 죽음을 앞두고 한 유언이니 그 뜻이 잘 전해지지 않았을까 싶습니다.

필자의 어머니는 저녁에 가족들이 모이는 시간이 되면 우리 남매를 모아 놓고 묵주기도를(다짜고짜?) 시작했고, 묵주기도에 이어서 우리 형제들 이름 하나하나를 부르며(주로 장점에 대한 칭찬과 염려를 담아) 각자를 위한(맞춤형?) 기도를 해 주셨습니다. 어머니가 바친 그 기도의 힘으로 5남매가 어긋남이 없이 잘 자라온 것 같습니다. 돌아가신 어머니를 생각하면 늘 그렇게 사랑으로 기도해 주신 모습이 떠올라 고마운 마음입니다. 어머니는 부엌에서 일을 하다 성당의 종소리를 듣고 세례를 받게 되었다고 하셨습니다. 이 자리를 빌어 그러한 어머니께 감사하는 마음을 담아(어머니의 문집에 실었던) 필자의 시 <님의 종소리>를 들려드릴까 합니다.

쨍그랑 쨍그랑
설거지를 하던 나

댕그랑 댕그랑
님의 목소리를 들었네

내게로 오너라
이리 가까이 오너라

어디로 갈까요
어디에 계십니까

어느새 길을 나선 나
사랑하는 님을 만났네

댕그랑 댕그랑
십자가 솟아있는 님의 집
울려오는 사랑의 종소리

—

댕그랑 댕그랑
나도 따라 걷는 하늘나라 종소리
댕그랑 댕그랑 댕- 댕- 댕-

자녀들과 기도의 시간을 즐겨 가지며 자녀들이 들을 수 있는 말로 축복의 기도를 해 주는 부모님들이 많아졌으면 합니다. 가끔은 자녀의 잘못에 대해서도 염려의 뜻을 담은 부모의 기도가 필요하지 않을까요, 또 그것이 진정한 사랑과 축복의 기도 아닐까요. 그러한 기도를 통해 사랑이 충만하신 하느님께서 바른 길, 행복한 길로 자녀를 이끌어 주시기를 간절히 청하는 부모의 마음이 자녀에게도 전해지지 않을까 생각해 봅니다. 가족이 사랑으로 함께하는 기도 시간을 통해 부모의 사랑을 알게 된 자녀가 어떻게 어긋난 길을 걷겠습니까! 님들이 부디 그런 복된 부모님이 되시면 좋겠습니다.

형들을 안심시킨 요셉과 그의 유언

요셉은 아버지 야곱의 유언대로 가나안 땅 동굴에 그 주검을 장사지내고 돌아왔습니다. "요셉의 형들은 아버지가 돌아가신 것을 보고, '요셉이 우리에게 적개심을 품고, 우리가 그에게 저지른 모든 악을 되갚을지도 모르지.' "(창세 50,15) 하면서, 요셉에게 아버지의 생전 분부대로 자신들을 용서해 주기를 청하였습니다. 형들의 말을 들은 요셉이 울자, 그것을 본 형제들도 울음을 터뜨리며 이제 자기들은 '아우님의 종들'이라고 고백했습니다. 이에 요셉은 "두려워하지들 마십시오. 내가 하느님의 자리에라도 있다는 말입니까?"(창세 50,19) 하면서 '모든 것이 하느님 섭리였다'는 말로 형들을 위로하고 안심시킵니다. 악에서 마저 선을 이끌어 내시는 전능하신 하느님의 오묘한 섭리와 자비를 깨닫고 자신에게 고통을 준 형제들을 용서한 요셉은 나아가 그들의 가족까지 돌보아주겠다고 약속합니다.

형님들은 나에게 악을 꾸몄지만, 하느님께서는 그것을 선으로 바꾸셨습니다. 그것은 오늘 그분께서 이루신 것처럼, 큰 백성을 살리시려는 것이었습니다. 그러니 이제 두려워하지들 마십시오. 내가 여러분과 여러분의 아이들을 부양하겠습니다.(창세 50,20-21)

이제 요셉과 그 형제들의 집안이 이집트에 자리 잡고 살게 되었습니다. 백십 년을 살면서 손자까지 본 요셉은 이스라엘 민족들에게 예언적인 말을 남기고 세상을 떠났습니다.

나는 이제 죽습니다. 그러나 하느님께서는 반드시 여러분을 찾아오셔서, 여러분을 이 땅에서 이끌어 내시어 아브라함과 이사악과 야곱에게 맹세하신 땅으로 데리고 올라가실 것입니다.(창세 50,24)

창세기에 명시된 요셉의 수명 '110년'은 지혜문학에서 보는 이상적인 인간 수명에 해당합니다. 그리고 '아브라함과 이사악과 야곱에게 맹세하신 땅'이라는 표현은 모세오경의 최종 편집자가 삽입한 것으로 여겨집니다.

창세기의 마지막 부분인 요셉의 임종을 통해 창세기는 탈출기의 전사前史로서 이스라엘 백성들이 어떤 사연으로 이집트에서 종살이를 하게 되었던가를 잘 설명하고 있습니다.

하느님께서 반드시 여러분을 찾아오실 것입니다. 그때 여기서 내 유골을 가지고 올라가십시오.(창세 50,25)

요셉이 이스라엘 사람들에게 마지막으로 일러두었던 이 말은 후일 이스라엘 백성이 이집트를 탈출할 때 여호수아가 요셉의 유골을 스켐에 묻음으로써 실현됩니다.(여호 24,32 참조)

"인간이 마음으로 앞길을 계획하여도 그의 발걸음을 이끄시는 분은 주님이시다."(잠언 16,9)는 성경 말씀이 있습니다. 요셉은 형들에 의해 죽음의 위험에까지 내몰렸지만 자신에게 닥쳤던 모든 일을 하느님의 섭리로 여기고 받아들였습니다. 그리고 요셉은 인간적으로 용서하기 어려운 상황에서도 하느님의 자비를 베풀었습니다.

나 자신이 겪은 모든 아픔과 배신도 요셉의 경우와 마찬가지일 수 있습니다. 즉 하느님의 섭리라는 넓은 틀 안에서 보면 그 모든 일이 결국에는 나를 위한 것이거나 다른 유익을 위한 것일 수 있다는 것입니다. 그렇다면 나에게 잘못을 범한 사람에 대한 최종 심판은 하느님의 몫이라는 시각을 가질 필요가 있지 않을까요? 증오와 미움과 폭력를 행사하기보다 이해와 용서와 포용하는 힘을 청하고 그렇게 실천할 수 있는 님들이 되시기를 바랍니다!

탈출기

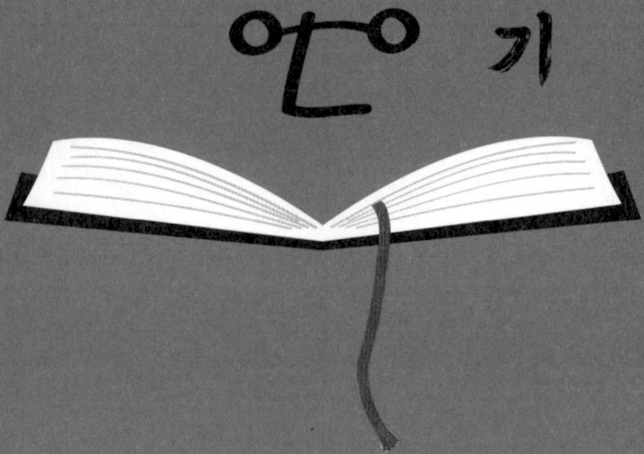

탈출기

'탈출기' 책명冊名의 유래

모세오경의 두 번째 책은 1977년에 발행된 공동번역 성서에서는 '출애굽기', 2005년에 새로 번역된 '성경'에서는 '탈출기'라 불립니다. 이 책에 '탈출'脫出이라는 이름이 붙게 된 것은 이렇습니다. 원래 히브리 말로 쓰인 두루마리 성서에는 고대 오리엔트 지역의 관습대로 본문의 첫 단어를 따라 '버엘레 셔못'ואלה שמות '이름들은 다음과 같다'이라는 이름이 붙었지만, 그 후의 성경 번역가들이 내용에 따라 '탈출'을 뜻하는 '엑소도스'*Εξοδος* Exodus를 표제로 달았기 때문입니다. 예를 들어 그리스 말로 된 '칠십인역' 번역본은 바티칸 사본 전통에 따라 '엑소도스'(밖으로 나감, 탈출), 라틴어로 된 '불가타'Vulgata 번역본은 '리베르 엑소디'Liber Exodi 탈출의 책 등의 제목을 가지고 있습니다.

구약 성경의 복음서인 탈출기

주님께서는 이집트인들을 바다 한가운데로 처넣으셨다. 물이 되돌아와서, 이스라엘 자손들을 따라 바다로 들어선 파라오의 모든 군대의 병거와 기병들을 덮쳐 버렸다. 그들 가운데 한 사람도 살아남지 못하였다. 그러나 이스라엘 자손들은 바다 가운데로 마른땅을 걸어갔다. 물은 그들 좌우에서 벽이 되어 주었다.(탈출 14,27-29)

총 40장으로 이루어진 탈출기는 앞의 15장에 걸쳐서 이스라엘 백성이 이집트 땅에서 벗어나 새로운 땅을 찾는 여정의 역사를 전해 주고 있습니다. 이는 성경이 전해 주는 이스라엘 백성의 믿음에 있어서 가장 중요한 요소로서, 이스라엘 백성이 자신을 구원해 주시는 하느님과 관계를 맺는 출발점이 됩니다. '구약 성경의 복음서'라고 불릴 정도로 탈출기가 들려주는 구원 이야기는 이스라엘 백성의 믿음의 기초를 이루는 기쁜 소식, 곧 '복음'福音이 되는 것이지요.

창세기에서 하느님은 노아, 아브라함, 야곱 등 개인들과 만나고 관계를 맺으셨다면, 탈출기에서는 주로 이스라엘 전체 백성과 접촉하십니다. 이러한 의미에서 탈출기는 '이스라엘 백성의 탄생사'에 해당하는 것입니다.

탈출기의 내용

탈출기는 내용적으로 볼 때 모세오경 중 하나인 '민수기'와 연결되어 있는데, 크게 이스라엘 백성의 '이집트 체류' '광야에서의 이동' '시나이 체류'에 대한 이야기로 나눌 수 있습니다. 탈출기는 이러한 이야기를 맥락으로 하는 세 개의 큰 전승을 중심으로 먼저 전체적인 큰 틀을 이루었고, 여기에 바빌론 유배 시기와 유배에서 돌아온 후에 형성된 '사제계(제관계)' 작품들이 추가되어 '해방된 백성을 위한 예식과 예배의 필요성'을 강조하고 있습니다. 사제계 본문이 추가되면서 완성된 최종본은 주로 예배법보다 '윤리법에 대한 충실성'을 강조하는 내용을 담고 있습니다.

탈출기의 역사적 배경

그 뒤 요셉과 그의 형제들과 그 세대 사람들이 모두 죽었다. 그러나 이스라엘 자손들은 자식을 많이 낳고 늘어만 갔다. 그들은 번성하고 더욱더 강해졌다. 그리하여 그 땅이 이스라엘 자손들로 가득 찼다. (탈출 1,6-7)

야곱의 자손들은 요셉의 도움으로 이집트에 머물게 되면서 그 수가 계속 불어났고, 특히 기원전 1720년 이후, '힉소스 왕조'가 이집트를 다스리던 시기에는 윤택한 삶을 누렸던 것 같습니다.(힉소스 왕조는 남부 시리아와 가나안 지역에서 들어와 이집트를 점령한 셈족의 가문으로 추정됩니다. 그들은 자연히 외국인들에 대해 우호적인 입장을 취했을 것이고, 그래서 이방 민족인 이스라엘 백성이 이집트 안에서 살기에는 큰 어려움이 없었을 것입니다.)

그러다가 기원전 1550년경 이집트인들이 마침내 이국異國의 통치자인 힉소스 왕조를 몰아내고 이집트 왕조를 세우자, 이제 요셉의 사적史蹟을 모르는 후대 파라오들이 야곱의 자손들을 마치 그들의 종처럼 다루기 시작합니다. 야곱의 자손들이 누리던 평화가 위협을 받게 된 것이죠.

고고학자들과 역사학자들의 연구 결과와 탈출기의 기록을 참고하면, 이스라엘 백성은 대략 기원전 13세기 초엽(1290~1250년) 혹독한 강제노동에 동원되었고, 그러한 암울한 상황에서 탈출이 이루어진 것으로 보입니다. 기원전 13세기경 이집트 탈출이 이루어졌다고 추정하는 것은, 같은 시기 이집트 제19 왕조 람세스 2세에 이르러 나일 강 삼각주에 수도를 세웠다는 역사적 사실을 바탕으로 합니다.

탈출기의 하느님

주님께서 (모세에게) 말씀하셨다. "나는 이집트에 있는 내 백성이 겪는 고난을 똑똑히 보았고, 작업 감독들 때문에 울부짖는 그들의 소리를 들었다. 정녕 나는 그들의 고통을 알고 있다. 그래서 내가 그들을 이집트인들의 손에서 구하여, 그 땅에서 저 좋고 넓은 땅, 젖과 꿀이 흐르는 땅, 곧 가나안족과 히타이트족과 아모리족과 프리즈족과 히위족과 여부스족이 사는 곳으로 데리고 올라가려고 내려왔다. 이제 이스라엘 자손들이 울부짖는 소리가 나에게 다다랐다. 나는 이집트인들이 그들을 억누르는 모습도 보았다. 내가 이제 너(모세)를 파라오에게

보낼 터이니, 내 백성 이스라엘 자손들을 이집트에서 이끌어 내어라."(탈출 3,7-10)

탈출기는 '억압받는 이들을 구해 주시는 하느님'을 그리고 있습니다. 우리는 탈출기를 통해 온갖 형태의 악과 싸우고 고통 중에 신음하는 사람들을 해방시키시는 하느님을 만날 수 있습니다. 탈출기에서 만나는 하느님은 당신 백성에 대한 동정심이 충만하시고, 그와 맺은 계약에 충실하시며 그 백성의 역사에 깊이 개입하는 분이십니다. 그분은 사람들에게 구원을 베푸시되 사람들보다 앞서서 행동하는 하느님이십니다. 그분은 사람의 공로와 상관없이 구원을 베푸시는 '자비의 신'이시며, 백성의 끊임없는 반항과 요구, 물음과 의심에도 불구하고 자비의 손길을 멈추지 않는 하느님이십니다.

하느님에 대한 사랑과 믿음의 탈출기

탈출기를 제대로 알기 위해서는 탈출기 자체만이 아니라 보다 큰 전체의 일부로서 탈출기를 이해할 필요가 있습니다. 그것은 '모세가 시나이 산에서 받은 계명과 그 실행'을 주제로 하는 이야기가 탈출기의 마지막 부분에서 완결되지 않고, 레위기 전체를 거쳐서 민수기 시작에 이르기까지 계속되는 까닭입니다.

이스라엘 백성에게 이집트 탈출은 그들의 하느님께 대한 신앙의 기초가 되는 사건입니다. 또한 오늘날까지도 이스라엘 사람들의 신앙 형성에 중요한 역할을 하는 요소가 되고 있습니다. 물론 탈출기가 이스라엘 사람들에게만 중요한 이야기는 아닙니다. 성경을 통해 하느님의 말씀을 듣고 신앙을 키워나가는 오늘날의 우리에게도 여전히 중요한 것이지요. 이런 의미에서 탈출기는 단순히 이스라엘 백성의 역사서가 아니라 우리의 믿음을 굳게 하고 우리를 구원하시는 하느님의 사랑에 대한 묵상을 더 깊게 하는 영성서적과 같다고 하겠습니다. 성경 전체 안에서 중요한 위치를 차지하는 탈출기에 나타난 하느님의 말씀에 귀를 기울여 봅시다.

1
억압과 고된 종살이에서의 탈출

하느님 약속의 성취

야곱과 함께 저마다 가족을 데리고 이집트로 들어간 이스라엘의 아들들 이름은 이러하다.(탈출 1,1)

탈출기는 '사제계'의 문체로 기록한 야곱 자손들의 족보를 소개하고, 이어 하느님께서 이스라엘 백성의 역사에 개입하시게 된 배경을 간략히 서술하고 있습니다. 즉 야곱의 몸에서 난 일흔 명의 아들 가운데 요셉이 먼저 이집트에 가 있었다, 그 뒤 요셉과 그 형제들과 그 세대 사람들이 모두 죽었다, 그러나 이스라엘 자손들은 자식을 많이 낳고 번성하여 더욱더 강해졌다, 그리하여 이집트 땅이 이스라엘 자손들로 가득 찼다는 것입니다. 이는 하느님께서 아브라함에게 하신 약속을 지키고 그것이 실제 이루어졌음을 말합니다. 창세기의 하느님 말씀이 그대로 되었다는 것이지요.

나는 너에게 한껏 복을 내리고, 네 후손이 하늘의 별처럼, 바닷가의 모래처럼 한껏 번성하게 해 주겠다. …… 네가 나에게 순종하였으니, 세상의 모든 민족들이 너의 후손을 통하여 복을 받을 것이다.(창세 22,17-18)

이렇게 탈출기는 이집트 종살이에서 벗어나는 탈출사脫出史를 전하면서 그 선사先史로 일찍이(창세기에서) 선조들에게 하신 하느님의 약속이 이미 이루어졌다고 고백하는 것입니다.

여기서 '아브라함의 순종을 통한 하느님의 축복'에 대해 다시금 생각해 봤으면 합니다. 하느님의 축복은 당신께 순종하는 자녀에게 우선적으로 내리지 않을까요? 게다가 그 축복은 개인에게 그치지 않고 후손들에게까지 두루 내리게 되는 성격의 것이 아닐까요? 그렇다면 나 자신은 어떠한 자세로 하느님의 축복을 바라고 있나요? 하느님의 말씀에 순종하지 않고 그분의 축복을 바라기만 하는 건 아닌가요? 하느님의 축복이 없다 한탄하고 있지는 않은가요? 나에게 내려진 하느님의 축복은 왜 이리 부족하냐고 불평하고 있지는 않나요? 혹시 그러한 나라면 먼저 하느님께 온전히 순종하지 못한 부분을 돌아볼 필요가 있을 것입니다.

고된 종살이의 시작

오랜 세월이 지난 뒤 이집트 임금이 죽었다.(탈출 2,23)

그런데 요셉을 알지 못하는 새 임금이 이집트에 군림하게 되었다. 그가 자기 백성에게 말하였다. "보아라, 이스라엘 백성이 우리보다 더 많고 강해졌다. 그러니 우리는 그들을 지혜롭게 다루어야 할 것이다. 그렇지 않으면 그들이 더욱 번성할 것이고, 전쟁이라도 일어나면, 그들은 우리 원수들 편에 붙어 우리에게 맞서 싸우다 이 땅에서 떠나가 버릴 것이다."(탈출 1,8-10)

앞서 살펴보았듯이, 이스라엘 백성은 기원전 18세기 무렵 이집트를 점령했던 셈족의 '힉소스 왕조'가 이집트를 다스리던 시기에는 비교적 윤택하게 살았습니다. 그러나 기원전 16세기 이집트인 왕조가 들어서면서부터 고된 시간을 보내야만 했습니다. 탈출기의 설명에 의하면, 과거 요셉의 사적史蹟을 모르는 후대 파라오들은 야곱의 자손들을 종 다루듯 했고, 이스라엘 백성의 수가 많고 강해지자 이집트인들이 두려워했기 때문입니다. 탈출기는 그렇게 시작된 이스라엘 백성의 고통을 다음과 같이 묘사하고 있습니다.

그래서 이집트인들은 강제 노동으로 그들을 억압하려고 그들 위에 부역 감독들을 세웠다. 그렇게 하여 이스라엘 백성은 파라오의 양식을 저장하는 성읍, 곧 피톰과 라메세스를 짓게 되었다.(탈출 1,11)

실제 기원전 13세기경 이집트 제19 왕조인 람세스 2세(기원전 1279~1213년 재위)가 셈족의 인력을 이용, 나일강 삼각주 고센 지역에 곡식을 저장해 둘 도시인 '피톰'과 '라메세스'를 세웠는데, 여기에 동원된 셈족이 바로 요셉 이후 이집트에 정착하여 살던 이스라엘 백성이라고 합니다. 이러한 사실이 이스라엘 백성이 이집트를 탈출하게 된 역사적 배경이 되었던 것이지요. 그들의 삶이 얼마나 고달팠는가는 다음 기록에서 잘 알 수 있습니다.

그리하여 이집트인들은 이스라엘 자손들을 더욱 혹독하게 부렸다. 진흙을 이겨 벽돌을 만드는 고된 일과 온갖 들일 등, 모든 일을 혹독하게 시켜 그들의 삶을 쓰디쓰게 만들었다.(탈출 1,13-14)

"이집트인들이 그들의 삶을 쓰디쓰게 만들었다."는 표현이 아프게 와 닿습니다. 종살이를 할 아무런 이유가 없었던 이스라엘 백성이 고된 노동으로 혹사당해야 했던 것이지요. 때로는 이유 없이 다른 사람에 의해서 쓰라린 삶을 살아야만 하는 사람들이 있습니다. 이런 이들에게 탈출기는 큰 공감을 불러일으킬 것입니다. 억울한 종살이와 같은 삶에 구원의 손길을 내미시는 하느님, 우리가 하느님의 손을 잡고 놓지 않을 때 고된 삶으로부터 탈출이 가능해짐을 잊지 맙시다!

이스라엘 사람들은 자신들의 조상이 이집트에서 종살이를 했음을 숨기지 않고 고백하였습니다. 그들은 자신들이 노예였음을 부끄러워하지 않았습니다. 그들은 자신들을 노예 취급한 이집트 사람들을 증오하기보다 오히려 그 속에서 하느님의 손길이 자신들에게 미쳤음을 중요하게 생각했습니다. 즉 그들은 자신들이 하느님 구원의 은혜를 입었다는 자부심으로 가득 차 있었던 것입니다.

나 자신은 어떠한지요? 나의 실수나 잘못, 혹은 불가항력적으로 당했던 부끄러운 일이나 수치스러움이 있습니까? 그런 힘든 상황 속에서도 나 자신과 함께하셨던 하느님의 손길을 느낄 수 있기를 바랍니다. 나의 수치를 하느님 사랑에 대한 자부심으로 잘 받아들일 수 있는 은혜를 청합시다!

억압 속에서도 꿋꿋하게!

그러나 그들은 억압을 받을수록 더욱 번성하고 더욱 널리 퍼져 나갔다. 이집트인들은 이스라엘 자손들을 두려워하게 되었다. 그리하여 이집트인들은 이스라엘 자손들을 더욱 혹독하게 부렸다.(탈출 1,12-13)

이스라엘 백성들은 이집트인들의 억압에도 굴하지 않았습니다. 오히려 그들은 억압을 받으면 받을수록 더 불어났고 더 강해졌습니다. 이집트인들이 이스라엘 사람들을 두려워할 정도였지요. 이에 이집트 임금이 히브리 산파들에게 말했지요.

너희는 히브리 여자들이 해산하는 것을 도와줄 때, 밑을 보고 아들이거든 죽여 버리고 딸이거든 살려 두어라.(탈출 1,16)

임금의 명령에도 불구하고 산파들은 하느님을 경외하는 마음에서 이스라엘의 아이들을 살려 주었습니다. 마침내 파라오는 온 백성에게 명령하였습니다.

히브리인들에게서 태어나는 아들은 모두 강에 던져 버리고, 딸은 모두 살려 두어라.(탈출 1,22)

이로써 모세의 탄생 이야기가 이어집니다.

히브리 산파들은 하느님을 두려워하는 마음을 갖고 있었기에 파라오의 말을 듣지 않았습니다. 권력자의 명령이라도 잘못된 것이라면 따르지 않을 용기, 이는 하느님을 두려워하는 마음에서 나올 것입니다. 그러한 산파에게 내리신 하느님의 축복이 어떠하였나요? 탈출기는 말합니다. "산파들이 하느님을 경외하였기 때문에, 하느님께서는 그들의 집안을 일으켜 주셨다."(탈출 1,21) 당신에 대한 경외심으로 의義를 행하는 이에게 축복으로 갚아주시는 하느님을 신뢰합시다!

인간의 탄식과 하느님의 응답

이스라엘 자손들은 고역에 짓눌려 탄식하며 부르짖었다. 그러자 고역에 짓눌려 도움을 청하는 그들의 소리가 하느님께 올라갔다. 하느님께서 그들의 신음 소리를 들으시고, 아브라함과 이사악과 야곱과 맺으신 당신의 계약을 기억하셨다. 하느님께서는 이스라엘 자손들을 살펴보시고 그 처지를 알게 되셨다.(탈출 2,23-25)

이집트에서 비참한 종살이를 하던 이스라엘 백성이 하느님께 부르짖었습니다. 그들이 힘들고 고된 상황 속에서 탄식하며 하느님께 도우심을 청하자 하느님께서 그들 조상과 맺으신 계약을 생각하셨습니다. 그리고 그들의 삶을 살펴보고 구출해 주시기로 마음 먹습니다. "하느님께서 이스라엘 자손들을 살펴보시고 그 처지를 알게 되셨다."는 탈출기의 표현대로 하느님께서 당신 백성이 겪는 고통을 알게 되셨다는 것입니다.

나는 이집트에 있는 내 백성이 겪는 고난을 똑똑히 보았고, 작업 감독들 때문에 울부짖는 그들의 소리를 들었다. 정녕 나는 그들의 고통을 알고 있다.(탈출 3,7)

이렇게 당신 백성의 처지를 아신 하느님께서는 일찍이 당신의 섭리로 파라오로부터 목숨을 구한 모세를 부르셨습니다. 하느님의 이러한 마음은 모세를 살리고 사명을 맡기시고 구원을 준비하심으로써 드러났습니다.

"하느님께서 그 처지를 알게 되셨다." 이 구절을 칠십인역 성경은 "하느님께서 그들에게 자신을 알리셨다."로 번역하였습니다. 여기서 하느님께서 우리에게 당신 자신을 알려 주시고 계시啓示하심은 '하느님께 대한 우리의 탄식' 그리고 '우리에 대한 하느님의 직관直觀'과 관련된다는 생각을 하게 됩니다. 내가 하느님께 부르짖고, 하느님께 순수한 마음으로 기도할 때, 하느님께서 나를 잘 알게 되시고, 하느님께서 나의 처지를 잘 알게 되시는 그때에 비로소 당신께서 나에게 자신을 드러내십니다. 내가 하느님을 뵙고자 하면, 당연히 그분께 나 자신을 드러내 보이고 탄식하는 일에도 힘써야 하지 않을까 생각해 볼 일입니다.

2
모세의 탄생과 소명

위대한 탄생

레위 집안의 어떤 남자가 레위의 딸을 아내로 맞이하였다. 그 여자가 임신하여 아들을 낳았는데, 그 아기가 잘생긴 것을 보고 석 달 동안 그를 숨겨 길렀다.(탈출 2,1-2)

탈출기는 1장 후반에서 "히브리인들에게서 태어나는 아들은 모두 강에 던져 죽여라."고 한 파라오의 명령과 함께 중요한 인물이 탄생하였음을 알리고 있습니다. 강가 갈대 사이에 역청과 송진을 바른 왕골 상자에 뉘어져 있던 아기는 마침 목욕하러 온 파라오 딸의 눈에 띄어 목숨을 건지게 되었고, 친어머니의 젖을 먹으며 잘 자라날 수 있었습니다.

이 이야기는 고대 근동의 어떤 임금에 관한 전설의 영향을 받은 것으로 보입니다. 이 전설은 한 여사제가 비밀리에 아들을 낳았으나 계속 기를 수가 없어 역청을 바른 왕골 바구니에 아이를 넣고 강에 띄워 보냈는데, 그 아이가 신들의 세계에 이르러 '이쉬타르'라는 여신의 사랑을 받아 위대한 인물이 되었으니, 그가 바로 고대 메소포타미아를 통일했던 '아카드의 사르곤' 임금이라는 내용입니다. 이와 비슷한 탄생 설화를 가진 모세도 당연히 장차 위대한 인물이 될 사람이었습니다!

하느님께서는 부당하게 종살이를 하는 이스라엘 백성을 구하시기 위해, 파라오의 딸이 가진 따뜻한 사랑의 마음을 이용하셨습니다. 하느님의 오묘한 섭리가 파라오에 맞서기 위해 그 딸의 마음을 움직인 것입니다.
우리가 따뜻한 마음으로 누군가를 대한다면, 나는 하느님 섭리의 도구가 될 수도 있다는 생각을 하면 좋겠습니다. 하느님을 믿지 않는 사람일지라도 사랑을 실천하는 사람은 하느님 계획의 사도使徒가 될 수 있는 것입니다!

모세라는 이름의 뜻

공주는 그 아이를 아들로 삼고, "내가 그를 물에서 건져 냈다." 하면서 그 이름을 모세라 하였다.(탈출 2,10)

모세는 이집트식 이름의 축소형으로서 '~의 아들' 혹은 '~에게서 태어난 사람'이라는 의미입니다. 한편 히브리 말 '모세(모셰)'Mosheh는 '밖으로 끌어내다'는 뜻을 지닌 '마샤'Mashah와 발음상 비슷합니다. 이렇게 볼 때 '모세'라는 이름은 탈출기의 기록대로 '물속에서 끌어낸 자' '백성을 이집트에서 끌어낸 자'라는 뜻에 꼭 맞는 듯합니다.

미래의 부르심을 위한 준비

왕족의 삶을 살았던 모세는 자라면서 이스라엘 백성의 억압받는 처지를 깊이 이해하였고, 때가 되어 하느님으로부터 소명을 받았습니다. 이는 하느님께서 일찍부터 모세를 준비시켜 이루신 일이었습니다. 즉 모세는 하느님의 섭리로 '파라오에 맞설 사람으로' 어릴 때 파라오의 궁전에서 자랐고, 그 후에는 '백성의 처지에 공감할 사람으로' 궁전에서 쫓겨나 살았다는 것입니다.

모세가 자란 뒤 어느 날, 그는 자기 동포들이 있는 데로 나갔다가, 그들이 강제 노동하는 모습을 보았다. 그때 그는 이집트 사람 하나가 자기 동포 히브리 사람을 때리는 것을 보고, 이리저리 살펴 사람이

없는 것을 확인한 뒤에, 그 이집트인을 때려죽이고서 모래 속에 묻어 감추었다.(탈출 2,11-12)

일찍부터 자신이 히브리 사람임을 알고 있었던 모세는 자라면서 동포에 대한 연민의 마음을 가지고 있었습니다. 그러기에 동포의 어려움을 외면할 수 없었던 것이지요.

이 사건이 있은 다음 모세는 미디안으로 달아나 낯선 땅에서 힘겨운 삶을 이어가야 했습니다. 그는 이방인 가운데서도 외국인으로 사막의 삶을 살았습니다. 그리고 온 몸으로 이집트에서 신음하는 이스라엘 백성의 상태와 아픔을 느꼈던 것입니다. 이 모든 일이 하느님께서 모세에게 당신의 소명을 맡기기 위해 준비하신 일이었습니다.

나의 삶을 돌아볼까요? 마치 나 자신이 홀로 버림받은 것처럼 느껴질 때가 있었나요? 스스로 한없이 초라해지고 무기력하게 느껴질 때는요? 힘들고 무력함을 느끼는 시간을 통해 나를 준비시키는 하느님의 섭리를 느끼시나요? 그러한 시련의 시간은 하느님께서 나를 위해 마련해 주신 축복의 기회일 수 있습니다!

모세의 소명

이제 이스라엘 자손들이 울부짖는 소리가 나에게 다다랐다. …… 내가 이제 너를 파라오에게 보낼 터이니, 내 백성 이스라엘 자손들을 이집트에서 이끌어 내어라.(탈출 3,9-10)

모세가 하느님의 부르심을 받았습니다. 파라오에게 나아가 그와 담판을 벌이고, 또 노예살이에 짓눌려 신음하는 당신의 백성을 구출하라는 것이었습니다. 모세는(하느님의 섭리로) 오래전부터 이스라엘 백성들이 이집트 땅에서 겪는 고통을 알고 있었습니다. 이제 하느님께서 소명을 주시며 하신 말씀에 따라 하느님의 마음을 잘 알게 된 모세는 그 고통에 점점 더 민감해져 갔습니다. 하느님의 마음과 비슷하게 되니 백성이 겪는 고통에 대해 도저히 가만히 있을 수가 없게 되었지요.

모세는 하느님을 뵙고 그분으로부터 소명召命을 받았습니다. 성경에서 하느님을 체험한 사람은 나름대로 어떤 소명을 받게 됩니다. 하느님은 당신의 마음을 알아듣고 이해하는 사람들을 부르십니다. 그리고 하느님과 공감共感하는 사람들은 그분의 부르심에 민감하게 응답합니다. 하느님을 아는 사람은 하느님과 함께 일하지 않을 수 없습니다. 하느님의 부르심에 응답하는 사람들은 하느님의 마음에 둔감하지 않으니 그 말씀을 즐겨 듣고 따를 수밖에요. 나는 하느님의 마음을 어떻게 느끼고 있고, 그 말씀을 어떻게 따르고 있는지요?

내가 너와 함께 있겠다!

모세는 자신의 소명이 이스라엘 백성들을 위해 파라오에게 나아가는 것임을 알고 하느님께 이렇게 말씀드렸습니다.

제가 무엇이라고 감히 파라오에게 가서, 이스라엘 자손들을 이집트에서 이끌어 낼 수 있겠습니까?(탈출 3,11)

자신의 부족함을 솔직히 고백한 것이지요. 하느님의 섭리에 따라 어릴 적부터 궁정에서 자라며 파라오를 가까이서 보아온 모세였지만 감히 파라오 앞에 나설 자신은 없었습니다. 더구나 이집트 사람을 죽인 사건 이후, 파라오에게 쫓기는 처지가 아닙니까? 이렇게 나약한 처지에 있던 모세에게 하느님께서 말씀하셨습니다.

내가 너와 함께 있겠다. 이것이 내가 너를 보냈다는 표징이 될 것이다.(탈출 3,12)

하느님께서 모세를 불러 소명을 맡기셨다는 표징은 '하느님께서 함께하심' 그 자체가 될 것이라는 말씀입니다. 즉 모세는 하느님의 힘과 개입으로 자신의 소명을 다하게 될 것이니 걱정하지 않아도 된다는 말씀이지요. 하느님께서 함께하신다니 이제 모세가 두려워할 것이 무엇이겠습니까!

"내가 너와 함께 있겠다."는 이 말씀은 우리 모두를 위한 말씀이고, 바로 나를 위한 말씀입니다. 지금 이 자리에 있는 나에게 하느님께서 "내가 너와 함께 있겠다."고 하십니다. 때로는 부족함으로 의기소침해져 있을 나에게, 어느 날은 죄책감으로 도무지 자신감을 잃고 방황하고 있을 나에게, 또 때로는 어떻게 살아야 할지를 몰라 하루하루 힘겨워 할 나에게 하느님께서는 이렇게 말씀을 하실 것입니다. "내가 너와 함께 있을 것이다. 그러니 너는 아무 걱정을 하지 마라." 우리와 늘 함께하시겠다는 하느님의 말씀을 신뢰하며 힘을 냅시다!

3
이집트 탈출의 목적과 하느님의 이름

이집트 탈출의 목적

이스라엘 백성의 처지를 가엾게 여기신 하느님께서는 모세에게 소명을 주시며 말씀하셨습니다.

네가 이 백성을 이집트에서 이끌어 내면, 너희는 이 산 위에서 하느님을 예배할 것이다.(탈출 3,12)

이 말씀 안에 하느님께서 이스라엘 백성을 이집트에서 탈출시키고자 하는 목적이 제시되어 있습니다. 그것은 당신 백성을 단순히 이집트 종살이로부터 해방시키는 것을 넘어 하느님을 예배하게 하는 데 있다는 것입니다. 이는 이스라엘 백성에게 이집트에서의 탈출이 '과거 파라오를 섬기는 종살이에서' '이제 하느님을 섬기고 예배하는 자유의 삶으로' '건너가게' 되었다는 의미를 지닙니다.

주님의 이름으로 세례를 받은 나는 죄의 종살이에서 해방되고, 죽음의 세계에서 벗어나 영원한 생명의 나라를 희망하고 들 수 있도록 초대된 사람입니다. 그런 나이기에 억압된 과거로부터 출구를 찾지 못하거나, 반복되는 일상에서 희망을 잃고 방황하는 일이 반복되어서는 안 될 것입니다. 해방시키고 자유를 주시는 하느님께 도움을 간청하면서 '예전의 나로부터 탈출'과 '새로운 나로의 건너감'을 시도해 봅시다. 나의 이집트를 벗어나야 하고 나의 홍해를 건너가야 합니다!

하느님의 이름 '있는 나'

불타는 떨기 속에서 나타나신 하느님께로부터 소명을 받은 모세가 하느님께 아뢰었습니다.

제가 이스라엘 자손들에게 가서, "너희 조상들의 하느님께서 나를 너희에게 보내셨다." 하고 말하면, 그들이 저에게 "그분 이름이 무엇이오?" 하고 물을 터인데, 제가 그들에게 무엇이라 대답해야 하겠습니까?(탈출 3,13)

하느님께서 모세에게 말씀하셨습니다.

나는 있는 나다. …… "너는 이스라엘 자손들에게 '있는 나'께서 나를 너희에게 보내셨다." 하여라.(탈출 3,14)

모세 당시의 사람들은 신神을 지칭할 때는 일반적으로 '엘'El이나 '엘로힘'Elohim이라는 이름을 사용했습니다. 그런데 하느님께서는 전혀 다른 의미의 이름을 계시하셨으니, 그것은 바로 "나는 있는 나다."라는 뜻의 '야훼'יהוה입니다.

이는 하느님께서 "나는 이름이 없다." 혹은 "나는 곧 나이니, 그것 말고 너희가 알아야 할 것은 없다."는 식으로 자신의 이름을 밝힘에 대해 회피하거나 거부하신 것이 아니라, "나는 이스라엘의 역사 안에서 행동하려고 한다." 혹은 "내가 누구인지는 나중에 알려 주겠다."는 의지를 드러내는 것으로 이해함이 더 바람직합니다. 즉 하느님께서는 "나는 있는 나다!" "나는 있는 자이다!"라는 뜻의 '야훼'라는 말로 호칭뿐 아니라, 당신이 '있고'有 '현존'現存 한다는 당신의 '존재'와 '생명'을 밝히신 것이고, 또 단순한 존재를 넘어 '이스라엘 백성을 위해 활동하는 존재임'을 알려 주신 것입니다. "너희 조상들의 하느님, 곧 아브라함의 하느님, 이사악의 하느님, 야곱의 하느님이신 야훼"(탈출 3,15)라는 표현이 바로 '조상들과도, 그 후손들과도 늘 함께

하시고 그들을 위해 활동하시는 하느님'을 잘 나타내고 있지요.

하느님의 이름 '야훼'와 '여호와'

이렇게 성경에 계시된 하느님의 이름을 이스라엘 사람들이 오랜 옛날에 실제로 '야훼'라고 발음했는지는 알 수 없습니다. 그들이 하느님에 대한 경외심 때문에 계시된 그 이름을 함부로 부르지 않고 대신 '아도나이'אדני, 주님라고 불렀고, 히브리 말을 쓸 때는 대개 모음 없이 자음만 사용했기 때문입니다. '야훼'라는 발음은 중세의 유다 학자들이יהוה'라는 자음에 '주님'을 뜻하는 '아도나이'의 모음부호를 결합하여 상상으로 만든 것입니다. 따라서 '야훼'가 옳은가, '여호와'가 옳은가 하는 것은 불필요한 논쟁이라 하겠습니다. 이런 의미에서 하느님께서 당신의 이름을 '불에 타는데도 타지 않은 떨기' 속에서 알려 주셨다는 것은 그 이름의 신비스러운 면을 잘 나타낸다고 하겠습니다.

이렇게 신비로우신 하느님의 이름을 이집트 탈출과 관련하여 소개하고 있습니다. 성경은 참으로 존재하시는 하느님께서 자신을 당신 백성들에게 알리신 위대한 행위가 바로 '이집트에서의 탈출'임을 강조하고 있습니다.

하느님께서는 이집트에서 억압받는 이스라엘 백성들에게 "나는 언제나 너희와 함께하겠다."고 하셨습니다. 당신께서 '언제나 우리 곁을 떠나지 않는 하느님' '우리를 버리지 않고 구원하시는 하느님'으로 계신다는 약속을 하신 것이지요.

내 인생이 마치 사막의 삶처럼 메마르게 느껴질 때가 있을 것입니다. 그러할 때, 황량한 사막에도 여기 저기 물이 솟아나는 오아시스가 지친 나그네에게 휴식처가 되듯이, 주님께서(자칫 사막처럼 메마른 나를 떠나지 않으시고) 함께하시며 당신의 샘물로 나를 이끄신다는 생각을 가져보면 좋겠습니다.

하느님께서는 언제나 '있는 나'이시지만, 우리는 '하느님이 허락하시는 한 있을 수 있는 나'입니다. 또한 나는 오직 '나 자신으로서만 있는 나'이기도 합니다. 나는 하느님 앞에서 결코 사라질 수 없는, 하느님 앞에 설 수밖에 없는, 하느님께 조금씩 나아가야만 하도록 운명 지워진 존재랍니다!

어떠한 경우라도 나를 떠나지 않으시는 하느님께 가까이 나아갑시다. 당신 아닌 다른 무언가에 속박되어 있는 나 자신을 그분께 맡겨드립시다. 하느님께서 당신이 주시는 진정한 자유를 잃어버리고 억압된 상황에서 갈팡질팡하고 있는 나를 구해 주시기를 청합시다. 죄로 인한 억압에서, 중독으로 인한 억압에서, 미움이나 분노로부터의 억압에서, 비오니 주님, 저를 구해 주소서! 참된 자유와 평화를 향해 제가 탈출하게 하소서!

나는 너희를 위하여 있다

구약성서에서 하느님의 이름 '야훼'의 뜻을 이해하도록 돕는 구절이 있으니, 예언자 호세아의 아내 '고메르'가 세 번째로 아이(둘째 아들)를 낳자 주님께서 하신 말씀입니다.

그의 이름을 '로 암미'라고 하여라. 너희는 내 백성이 아니며 나는 너희를 위하여 있지 않다.(호세 1,9)

하느님께서 '불충하고 타락하고 정의롭지 못한 이스라엘은 더 이상 당신의 백성이 아니라는 상징'으로 "나의 백성이 아니다."는 뜻을 지닌 '로 암미'를 호세아 예언자의 아들 이름으로 주셨다는 것입니다. 이 이름에 비추어 볼 때, '야훼'는 "나는 너희를 위하여 있다."는 뜻의 하느님의 이름을 한층 분명하게 드러낸다고 할 것입니다. 즉 "하느님께서는 이스라엘 백성을 위해 계신다."는 것입니다.

하느님께서 우리를 위해 계시고, 또 나를 위해 계십니다. 나를 위해 하느님이 계시니 두려울 것이 무엇이고, 불평할 것이 무엇이겠습니까? 그러면서 하느님은 우리만을 위해 계시거나 나만을 위해 계시는 분이 아닙니다. 하느님께서 우리 모두를 위해 계시는 분이시고, 나와 너를 위해 계십니다. 그러므로 '공동체 안에' 활동하시고, 또 '너 안에' '타인 안에' '이웃 안에' 함께하시는 하느님을 알아 뵙고, 그분의 원의를 따라 잘 살아가려는 노력을 멈추지 말아야 할 것입니다!

당신 백성을 보살피시는 하느님

탈출기 2장에 의하면, 하느님께서는 이스라엘 자손들이 고통에 짓눌려 부르짖는 탄식을 들으셨을 뿐 아니라, 그들을 보살펴 보시고 그 처지를 알게 되셨습니다. 이러한 하느님의 자상한 배려는 3장에 나타나 있습니다. 이는 하느님 자신이 하신 구원의 약속을 지키기 위함을 강조합니다.

나는 너희를 찾아가 너희가 이집트에서 겪고 있는 일을 살펴보았다.(탈출 3,16)

여기서 쓰인 히브리 말 동사 '찾아가 -보다'는 '특정한 목적을 가지고 어떤 대상을 방문하다.'는 뜻을 지니고 있습니다. 그렇게 볼 때 하느님께서 이스라엘 백성들을 찾아가서 그들이 겪고 있는 일을 살펴보았다는 것은, 하느님께서 그들을 구원하시고자 하는 의도를 가지고 그렇게 행동하셨다는 것이지요. 즉 "하느님께서 당신의 백성을 이집트 종살이에서 탈출시키겠다, 구해 내겠다."는 계획을 실행에 옮기셨다는 것입니다.

이스라엘 백성은 "주님께서 이스라엘 자손들을 찾아오셔서 그들의 고난을 살펴보셨다는 말을 듣고, 무릎을 꿇어 경배"(탈출 4,31) 하였습니다. 나는 어떤가요? 하느님께서 나의 고난을 알아주시기를 바라고 있나요? 그렇다면 하느님께서 나를 찾아오시고 나를 살펴보시기를 내가 먼저 간절히 원해야할 것이고, 나와 함께 있고자 하시는 그분께 내 마음의 문을 열어 드려야 할 것입니다. 아우구스티노 성인의 말씀처럼, 하느님은 나 없이 나를 창조하셨으나 나 없이 나를 구원하지는 않으시기 때문입니다!

4
구원하시는 하느님의 강한 힘과 파스카

하느님의 강한 손

모세와 아론은 파라오에게 “이스라엘 백성을 광야에서 내보내 하느님을 예배하도록 하라.”는 하느님의 말씀을 전하였습니다. 그럼에도 파라오가 이스라엘 백성을 보내 주기는커녕 더 괴롭히자, 이스라엘 자손의(작업) 조장들은 모세와 아론에게 불평하였습니다. 이에 모세와 아론이 당신께 하소연하자 하느님께서 말씀하셨습니다.

이제 너는 내가 파라오에게 어떻게 하는지 보게 될 것이다. 정녕 그는 강한 손에 밀려 그들을 내보낼 것이다. 강한 손에 밀려 그가 자기 땅에서 그들을 내쫓을 것이다.(탈출 6,1)

하느님께서 모세에게 소명을 주실 때 하신 말씀에서도 ‘강한 손’이 언급됩니다.

그러나 강한 손으로 몰아세우지 않는 한, 이집트 임금은 너희를 내보내지 않으리라는 것을 나는 안다.(탈출 3,19)

여기서 하느님의 손임에 틀림없는 '강한 손'은 어떤 사본에서는 '강한 힘'으로 번역되기도 합니다. 이런 표현을 통해 탈출기는 하느님의 능력이 아니고서는 파라오가 이스라엘 백성을 내보내는 일이 도저히 불가능함을 계속 강조합니다. 즉 이스라엘 백성의 이집트 탈출은 오로지 하느님의 뜻과 힘에 의한 기적이라는 것입니다.

"당신 팔의 큰 힘을 떨쳐보이시어 마음이 교만한 자들을 흩으셨도다." 마리아는 자신을 도구로 삼으신 하느님께 감사를 드리며 '마니피캇'magnificat 성모의 노래에서 '하느님의 팔이 베푸시는 큰 힘'을 찬미하였습니다. 나의 삶에서 하느님의 손과 팔은 어떤 힘을 떨쳐 보이셨을까요? 나의 지난 인생에서 하느님의 손길을 깨달을 수 있는 은혜를 청해 봅니다. 지난 삶의 자취 속에서 힘겨워한 나를 감싸주신, 하느님 팔의 포근함과 든든함을 내가 깨달을 수 있기를요. 하느님께서 나의 비천함을 굽어보셨고 당신의 강한 손과 팔로 나를 구해 내셨음을요. 저를 돌보아주신 하느님,

감사합니다!

하느님처럼, 하느님의 힘으로

탈출기 6장 후반에는 하느님께서 모세에게 재차 사명을 부여하는 대목이 나옵니다.

나는 주님이다. 내가 너에게 이르는 말을 모두 이집트 임금 파라오에게 전하여라.(탈출 6,29)

하지만 모세는 차마 파라오 앞에 나아가 말할 용기를 내지 못했습니다.

보십시오, 저는 입이 안 떨어져 말을 못 합니다. 어찌 파라오가 제 말을 듣겠습니까?(탈출 6,30)

하느님께서 두려워하는 모세에게 말씀하셨습니다.

보아라, 나는 너를 파라오에게 하느님처럼 되게 하였다. 그리고 너의 형 아론은 너의 예언자가 될 것이다.(탈출 7,1)

“모세야, 파라오는 너에게서 나의 힘을 보게 될 것이다. 아론은 너의 예언자로서 나의 말을 파라오에게 전할 것이다. 그러니 두려워하지 마라!” 모세는 강인한 파라오 앞에 나서기를 두려워하였지만, 하느님께서는 모세에게 파라오를 대적할 힘을 주시리라는 약속을 하셨고, 과연 하느님께서는 모세를 통하여 여러 가지 표징과 기적을 일으키시어 파라오의 고집을 꺾으셨습니다.

“나는 너를 파라오에게 하느님처럼 되게 하였다.” 하느님의 도구로 뽑힌 모세가 파라오를 대할 때 하느님 자신처럼 되도록, 곧 파라오가 모세를 하느님처럼 여기도록(하느님께서 개입) 하시겠다는 말씀입니다. 그러고 보니 하느님께서는 이 말씀을 하시기 전 앞에서도 같은 식의 말씀을 하셨군요.

그(아론)가 너(모세)를 대신하여 백성에게 이야기할 것이다. 그(아론)는 너(모세)의 입이 되고, 너(모세)는 그(아론)의 하느님이 되어 줄 것이다.(탈출 4,16)

하느님께서 아론에게 모세를 대신하여 이스라엘 백성들에게 이야기할 힘을 주시고, 또 모세에게는 당신의 지팡이를 잡고 표징들을 일으킬 힘을 주시리라는 것입니다.

우리 모두가 목표로 하는 '구원'救援의 상태를 설명하는 대표적인 개념이 '지복직관'至福直觀과 '신화'神化입니다. 즉 '하느님을 마주보는 행복에 이르는 것'과 '하느님처럼, 하느님 비슷하게 되는 것'이 구원의 상태라는 의미이지요. "나는 너를 파라오에게 하느님처럼 되게 하였다." 는 말씀을 "나는 너를 세상 사람들에게 하느님처럼 되게 하였다."로 바꾸어 봅니다. 그러고 나니 "나는 너를 세상 사람들에게 하느님처럼 되게 하였다."는 말씀은 "내가 너를 구원하였으니 너는 세상 사람들에게 (너의 하느님인) 나를 전하여라."는 울림으로 다가옵니다. 하느님께서는 당신이 구원을 베푸실 사람들도 당신을 닮아가길 원하실 것입니다. 구원의 기쁜 소식을 희망하고 살며 전하는 데 전력을 다합시다!

이스라엘 백성을 위한 파스카 축제

하느님께서는 모세를 통해 이집트에 아홉 가지의 재앙을 내리신 다음 말씀하셨습니다.

나는 이제 파라오와 이집트에 한 가지 재앙을 더 내리겠다. 그런 다음에야 그가 너희를 이곳에서 내보낼 것이다. 그가 너희를 내보낼 때에는 아예 너희를 모조리 이곳에서 내쫓을 것이다. …… 내가 한밤중에 이집트 가운데로 나아가겠다. 왕좌에 앉은 파라오의 맏아들부터 맷돌 앞에 앉은 여종의 맏아들까지 이집트 땅의 맏아들과, 짐승의 맏배들이 모조리 죽을 것이다. 그러면 이집트 온 땅에서 이제까지도 없었고 앞으로도 없을 큰 곡성이 터질 것이다. 그러나 이스라엘 자손들에게는 개조차 짖지 않을 것이다. 사람에게나 짐승에게나 그러할 것이다. 이는 주님이 이집트인들과 이스라엘인들을 구분하였음을 너희가 알게 하려는 것이다.(탈출 11,1-7)

이 말씀을 하신 다음, 아직 열 번째 재앙이 내리기 전에 하느님께서는 축제를 지내라고 명하셨습니다. 이 축제는 열 번째 재앙이 이전의 아홉 가지 재앙과 다른 특별한 의미를 가지고 있음을 암시합니다.

너희는 가정마다 작은 가축을 한 마리씩 …… 저녁 어스름에 잡아라. 그리고 그 피는 받아서, 짐승을 먹을 집의 두 문설주와 상인방에 발라라. 그날 밤에 그 고기를 먹어야 하는데, 불에 구워, 누룩 없는 빵과 쓴나물을 곁들여 먹어야 한다. …… 그것을 먹을 때는, 허리에 띠를 매고 발에는 신을 신고 손에는 지팡이를 쥐고 서둘러 먹어야 한다. 이것이 주님을 위한 파스카 축제다.(탈출 12,3-11)

탈출기의 서술에 의하면, 진노한 파라오가 어떻게 나올지 모르는 긴박한 상황에서 하느님께서는 이스라엘 백성들에게 축제를 열라고 분부하셨습니다. 사실은 축제라기보다 식사食事를 하라는 말씀이었지만, 여느 식사와는 다른 특별한 것임이 분명했습니다. 이스라엘 백성들은 이 식사를 하느님께서 자신들을 이집트에서 지켜 주고 구해 주신 역사적 사건에 대한 기념으로 받아들였기 때문이지요. 이스라엘 백성들은 절박한 생사의 기로에서 하느님의 말씀에 따라 자신들의 집에 짐승의 피를 바르고, 길 떠나는 나그네의 자세로 그 고기를 나누어 먹었습니다. 이렇게 그들은 하느님의 말씀에 순종함으로써, 하느님의 강한 힘으로 종살이에서 자유로, 죽음에서 삶으로 건너가게 되었습니다. 이를 잊지 않고 기념하는 파스카Pascha 축제는 이스라엘 민족에게 축제 중의 축제였던 것이지요. 이어지는 다음 말씀은 파스카 축제의 성격을 잘 드러내고 있습니다.

이날 밤 나는 이집트 땅을 지나면서, 사람에서 짐승에 이르기까지 이집트 땅의 맏아들과 맏배를 모조리 치겠다. 그리고 이집트 신들을 모조리 벌하겠다. 나는 주님이다. 너희가 있는 집에 발린 피는 너희를 위한 표지가 될 것이다. 내가 이집트를 칠 때, 그 피를 보고 너희만은 거르고 지나가겠다. 그러면 어떤 재앙도 너희를 멸망시키지 않을 것이다. 이날이야말로 너희의 기념일이니, 이날 주님을 위하여 축제를 지내라. 이를 영원한 규칙으로 삼아 대대로 축제일로 지내야 한다.(탈출 12,12-14)

원래 '파스카 축제'는 옛날 유목민들이 봄이 되면 가축의 보호를 위해 양이나 염소를 제물로 바치던 의식이었습니다. 그러면서 '파스카'는 (죽음의 천사가 이스라엘 집안을) '거르고 지나가다', (죽음에서 생명으로) '건너가다'라는 뜻을 담고 있습니다. 이스라엘 백성은 이미 있던 이러한 유목민들의 축제에 누룩 없는 빵을 먹는 가나안의 농경축제인 무교절無酵節 축제를 결합하여, 하느님의 역사하심으로 이루어진 이집트에서 탈출과 해방을 기념한 것으로 여겨집니다.
후일에 예수 그리스도께서는 당신의 죽음을 앞두고 최후의 만찬을 드시면서 자신의 몸을 내어놓는 희생 제사로 새로운 파스카를 지내셨습니다. 미사에 참여할 때마다 죽음에서 생명을 주시고 죄의 속박에서 자유를 주시고 해방하시는 주 예수 그리스도의 희생 제사에 감사드립시다. 그리고 우리 자신도 하느님께 감사의 제물로 봉헌하는 자세를 갖도록 합시다!

5
돌아가는 여정, 돌아보는 여정

먼 길을 돌아

파라오가 이스라엘 백성을 내보낼 때, 하느님께서는 필리스티아인들의 땅을 지나는 길이 가장 가까운데도, 그들을 그곳으로 인도하지 않으셨다. 하느님께서는 "그들이 닥쳐올 전쟁을 내다보고는 마음을 바꾸어 이집트로 되돌아가서는 안 되지." 하고 생각하셨던 것이다. 그래서 하느님께서는 백성을 갈대 바다에 이르는 광야 길로 돌아가게 하셨다.(탈출 13,17-18)

이스라엘 백성은 라메세스를 탈출, 430년간의 이집트 생활을 마감하고 마침내 약속의 땅인 가나안을 향해 길을 떠났습니다. 수많은 가축 떼와 함께 걸어서 행진하는 장정만도 60만 명가량 되는 엄청난 규모의 무리였습니다. 그 길은 탈출기를 비롯하여 여호수아기에 이르기까지 장장 40년이 걸린 멀고도 험했던 광야의 여정이었습니다.

그런데 흥미로운 것은 이스라엘 백성이 라메세스에서 가나안에 이르는 곧바른 길을 두고 최소한 2배 이상, 거의 3배 가까이나 더 걸리는 먼 길을 돌아서 갔다는 것입니다. 그 여정은 나일강 삼각주 동쪽 지역에서 출발, 시나이 반도 남쪽 시나이산(호렙산)을 거쳐 사해 서쪽 지역까지, 지중해가 아닌 홍해와 아라비아해 쪽으로 우회를 해서 어렵게 나아간, 한마디로 '빠른 길이 아니라 느린 길'이었습니다. 그러나 이 모든 과정은 하느님의 배려이며 의도라고 탈출기는 설명하고 있습니다. 즉 이스라엘 백성이 탈출과 정착의 과정에서 불가피하게 맞닥뜨리게 될 전쟁을 제대로 치르지도 못하고 다시 이집트로 되돌아가는 일이 없도록, 하느님께서 미리 그들을 강하게 또 인내 충만하게 준비시키신 것입니다.

시험과 단련의 때

너희는 이 사십 년 동안 광야에서 주 너희 하느님께서 너희를 인도하신 모든 길을 기억하여라. 그것은 너희를 낮추시고, 너희가 당신의 계명을 지키는지 지키지 않는지 너희 마음속을 알아보시려고 너희를 시험하신 것이다.(신명 8,2)

모세가 이스라엘 백성에게 선포한 말씀처럼, 이스라엘 백성은 광야생활을 하면서 많은 시련과 시험을 거쳐야 했습니다. 그 과정에서 그들은 하느님께 많은 잘못을 저지르고 불평을 터트렸으며, 진노한 하느님으로부터 큰 벌을 받기도 했습니다. 그럼에도 불구하고 그들은 하느님께 대한 믿음과 희망을 잃지 않았고, 결국 광야를 지나 마침내 약속의 땅에 다다를 수 있었습니다. 이는 그들이 광야에서의 시련과 시험의 시간을 통해 조금씩 단련되고 정화되었기에 가능한 일이었습니다.

이스라엘 백성이 광야에 머무른 40년은 '하느님께서 그들을 시험하고 단련시킨' 기간이었습니다. 이스라엘 백성의 이집트 탈출과 가나안의 정착은 힘든 광야의 길을 통해서만 가능한 일이었습니다. 하느님께서 친히 당신 백성을 이집트 종살이에서 구해 내셨고, 광야로 그들을 이끌어 내셨으며, 약속의 땅으로 인도해 주셨습니다. 당신 친히 그들을 먹여 주셨고 지켜 주셨습니다. 이렇게 광야의 시간은 '하느님께서 이스라엘 백성을 위해 놀라운 위업을 이루신 때'이면서, 이스라엘 백성이 척박한 땅에서 '오직 하느님의 인도하심에만 의지하는 충실성을 보인 때'이기도 합니다.

이스라엘 백성은 종살이하던 이집트를 탈출하여 완전한 자유를 얻기 위해 광야살이를 거쳐야만 했습니다. 아기 예수님도 헤로데의 학살로부터 목숨을 구하기 위해 이집트로 피신을 떠나야했고, 그 과정에서 광야의 길을 두 번이나 거쳐야 했지요. 우리들의 인생길도 광야의 길과 비슷한 것 같습니다. 세상에 쉬운 길이란 참 드물지요. 아니 쉬운 길이란 애초에 없는지도 모릅니다. 우리 인생의 길이 힘들다고 느껴질 때 그 길이 어쩌면 하느님께서 나를 단련시키고 준비시키는 은혜의 길인지도 모른다는 생각을 해 보면 어떨까요?

미스 트롯2 경연에서 양지은 아네스가 불렀던 '빙빙빙'이라는 노랫말에 이런 구절이 있습니다. "먼 길을 돌아 먼 길을 돌아 돌아올 거야. 빙빙빙 돌아올 거야." 우리 인생길에는 지름길이 따로 정해져 있지 않습니다. 우리 인생길에는 하나의 길만이 고정되어 있지 않은 것입니다. 때로 돌아가야만 하는 길도 있고, 어쩌면 그렇게 우회하는 것이 더 빠르고 더 나은 길일 수도 있습니다. 먼 길을 돌아가는 것이 결코 바보스럽거나 미련한 것이 아님을 생각해 보면 좋겠습니다. 그 길은 더 큰 시련을 이겨낼 수 있는 힘을 기르는 시간일 수 있습니다. 그 길에 함께하실 분, 그 길의 끝에서 날 기다리고 계실 하느님을 잊지 맙시다!

구름 속에서 현존하시는 하느님

주님께서는 그들이 밤낮으로 행진할 수 있도록 그들 앞에 서서 가시며, 낮에는 구름 기둥 속에서 길을 인도하시고, 밤에는 불기둥 속에서 그들을 비추어 주셨다. 낮에는 구름 기둥이, 밤에는 불기둥이 백성 앞을 떠나지 않았다.(탈출 13,21-22)

가장 가까운 길을 두고 광야 길로 돌아가게 한 하느님이시지만, 이스라엘 백성을 헤매도록 버려두지 않고 놀라운 방법으로 안내하셨습니다.

- 이제 내가 짙은 구름 속에서 너에게 다가가겠다.(탈출 19,9)
- 그때에 구름이 만남의 천막을 덮고 주님의 영광이 성막에 가득 찼다.(탈출 40,34)
- 내가 구름 속에서 속죄판 위로 나타나기 때문이다.(레위 16,2)
- 사제들이 성소에서 나올 때에 구름이 주님의 집을 가득 채웠다.(1열왕 8,10)
- 그분(주님)께서 하늘을 기울여 내려오시니 먹구름이 그분 발밑을 뒤덮었네.(시편 18,10)

- 구름과 먹구름이 그분(주님)을 둘러싸고 정의와 공정이 그분 어좌의 바탕이라네.(시편 97,2)

위에 제시한 구절들이 보여 주듯, 성경에서 '구름'은 하느님께서 당신의 모습을 드러내지 않고 행동하시면서 인간에게 오심을 나타내는 상징에 속합니다. 이스라엘 백성이 하느님을 예배할 때에는 하느님의 현존이 구름 안에 감추어져 있었던 것입니다.

탈출기가 전하는 구름들은 이스라엘 백성이 광야생활을 할 때 그들과 동행하면서 주님의 현존을 암시해 주었습니다. 하느님께서 황무지 광야에서 구름 기둥과 불기둥으로 당신 백성을 이끌어 가셨습니다! 놀라운 방법으로 함께하시는 하느님의 사랑이 감동스럽지 않습니까? 예수님께서 거룩하게 변모하셨을 때도 구름 속에서 하느님의 목소리가 들려왔었지요. "이는 내가 사랑하는 아들, 내 마음에 드는 아들이니 너희는 그의 말을 들어라."(마태 17,5) 고개를 들어 하늘의 구름을 올려다보며 하느님의 현존을 느껴봅시다. 구름 속에서 말씀하시는 하느님의 목소리에 귀를 기울여 봅시다.

쉽게 변하는 마음에 주님의 축복은 없다!

우리를 섬기던 이스라엘을 내보내다니, 우리가 무슨 짓을 하였는가?(탈출 14,5)

이스라엘 백성이 도망쳤다는 소식을 들은 파라오와 그의 신하들은 마음이 달라져서 군사를 거느리고 나섰습니다. 성경은 이를 하느님께서 당신의 영광을 드러냄으로써 당신이 하느님임을 알리기 위해 허락하신 것으로 표현하고 있습니다.

주님께서 이집트 임금 파라오의 마음을 완고하게 하셨으므로, 그는 이스라엘 자손들의 뒤를 쫓았다.(탈출 14,8)

나는 이집트인들의 마음을 완고하게 하여, 너희를 뒤따라 들어가게 하겠다. 그런 다음 나는 파라오와 그의 모든 군대, 그의 병거와 기병들을 쳐서 나의 영광을 드러내겠다. 내가 파라오와 그의 병거와 기병들을 쳐서 나의 영광을 드러내면, 이집트인들은 내가 주님임을 알게 될 것이다.(탈출 14,17-18)

하느님이 허락하셨다고 해서 파라오에게 잘못이 없다는 말이 아닙니다. 파라오는 하느님의 말씀을 거역하여 수많은 재앙을 겪었음에도 불구하고 눈앞의 손해에 마음이 변했고, 완고했던 그와 신하들은(자신들의 잘못으로) 전능하신 하느님의 개입에 의해 바다에 수장되고 말았던 것입니다.

이스라엘 백성들도 '당당하게 나아갔지만' 자신들을 잡으려고 다가오는 이집트인들을 보고 몹시 두려워하며 주님께 부르짖었습니다. 그리고 모세에게 불평과 불만을 드러냈습니다.

이집트에는 묏자리가 없어 광야에서 죽으라고 우리를 데려왔소? 어쩌자고 우리를 이집트에서 이끌어 내어 이렇게 만드는 것이오? "우리한테는 이집트인들을 섬기는 것이 광야에서 죽는 것보다 나으니, 이집트인들을 섬기게 그냥 놔두시오." 하면서 우리가 이미 이집트에서 당신에게 말하지 않았소?(탈출 14,11-12)

이처럼 광야에서의 힘든 생활에 이스라엘 백성들은 이집트 탈출을 후회하는 듯한 말까지 쏟아 놓지만, 결국에는 지도자 모세의 말을 듣고 하느님의 말씀을 신뢰하고 따랐기에 파라오의 손아귀에서 벗어날 수 있었습니다. 또한 그들을 인도했던 모세가 변함없는 자세로 자신의 소명에 충실하였기에, 이스라엘 백성들도 하느님께 순명하며 두려움을 떨쳐내고 갈라진 바다 가운데로 걸어갔던 것입니다.

마음이 쉽게 변하는 사람을 좋아하는 사람은 없습니다. 그러나 정작 나 자신은 하루에도 몇 번씩, 그것도 쉽게 변하는 마음의 소유자가 아닌지요? 그런 나를 하느님께서 좋아하려면 얼마나 힘드실까요? 신앙생활의 기본은 변함없는 자세로 하느님을 섬기는 마음입니다. 탈출기를 읽으며 생각해 봤으면 합니다. 쉽게 변하는 마음에 하느님의 축복은 없음을, 한결같은 마음에 하느님의 축복이 선물로 주어짐을!

6
하느님과 이스라엘 백성의 계약

시나이 산에서 하느님을 만나다

이스라엘 자손들이 이집트 땅에서 나온 뒤 셋째 달 바로 그날, 그들은 시나이 광야에 이르렀다. 그들은 르피딤을 떠나 시나이 광야에 이르러 그 광야에 진을 쳤다. 이렇게 이스라엘은 그곳 산 앞에 진을 쳤다.(탈출 19,1-2)

이스라엘 백성은 이집트를 떠나 약속의 땅인 가나안을 향해 곧바로 가지 않고 먼 길을 돌아갔다고 했습니다. 그 길은 시나이 반도 남쪽으로 내려가는 길이었습니다. 바로 '호렙 산' 혹은 '시나이 산'이라고 불리는 산을 거쳐 가는 험난한 길이었습니다. 이스라엘 백성은 시나이 산에 오르기 위해 몇 달 동안이나 광야의 길을 걸어가야만 했습니다. 거룩한 하느님을 만나기 위해 준비와 정화의 시간이 필요했던 것이지요.

하느님을 만날 수 있도록 모세가 백성을 진영에서 데리고 나오자 그들은 산기슭에 섰다. …… 주님께서는 시나이 산 위로, 그 산봉우리로 내려오셨다.(탈출 19,17-20)

이스라엘 백성은 시나이 산에서 하느님을 만나고 그분과 계약을 맺었는데, 탈출기는 이를 이스라엘 백성이 이집트를 탈출하고 광야를 행진하는 목표처럼 제시하고 있습니다.

네가 이 백성을 이집트에서 이끌어 내면, 너희는 이 산 위에서 하느님을 예배할 것이다.(탈출 3,12)

하느님께서 모세에게 소명을 주며 하신 말씀에서 예고한 대로, 이집트 종살이에서 탈출한 이스라엘 백성은 이제 시나이 산에서 하느님을 섬기고 예배하게 되었으며, 계약의 관계로 하느님과 일치하게 되었습니다.

약속, 의무, 유언

'계약'이란 일반적으로 쌍방 간에 일정한 권리와 의무를 서로 주고받기로 약속하는 법적 행위를 말합니다. 하지만 성경에서 말하는 계약은 이런 통상적인 '쌍무계약'雙務契約과는 그 의미가 다른 경우가 많습니다. '계약'으로 번역되는 히브리 말 단어로서 구약 성경에서 278번 사용된 '브리트'בְּרִית의 경우, 대개 '약속' 또는 '의무'라는 뜻이 그 의미의 중심을 이루고 있습니다. 곧 구약 성경에서 나타난 계약은 단순히 서로를 법적으로 속박하는 행위를 넘어 '하느님의 약속'과 '이스라엘 백성의 의무'의 이행을 강조합니다.

한편 그리스 번역본인 칠십인역 성경은 '브리트'를 대부분(278번 중에 260번) '디아테케'διαθήκη로 번역하였는데, 이는 고대 그리스어에서 원래 '유언'遺言을 의미합니다. 고대 라틴어 번역본도 유언을 의미하는 '떼스따멘뚬'testamentum 영어로 testament을 사용하였습니다. 유언은 남은 사람에게 의무를 지우는 것이지요. 그렇다면 칠십인역과 라틴어 번역본 성경이 이해하는 '계약'은 '하느님으로부터 주어진, 인간이 따르고 지켜야 할 의무'라고 할 수 있습니다. 이렇게 볼 때 이스라엘 백성이 하느님과 계약을 맺었다는 것은 '이스라엘 백성이 하느님 앞에 의무를 지게 되었다.'는 말이겠습니다.

시나이 계약의 성격

(앞에서 언급한 대로) 구약 성경에서 볼 수 있는 '하느님과 성조 간의 계약'은 통상적인 의미의 계약과는 거리가 있습니다. '하느님과 노아와의 계약'(창세 9,8-17), '하느님과 아브라함과의 계약'(창세 15, 17장), '하느님과 다윗과의 계약'(2사무 7,5-16) 등은 하느님께서 인간에게 뚜렷한 요구를 하지 않으신 채 일방적으로 의무를 지는 약속으로 보이기 때문입니다. 이에 비해 '하느님과 이스라엘 백성 간의 계약'인 시나이 산의 계약은 하느님과 이스라엘 백성 모두가 어느 정도의 의무를 지니고 있는 것으로 드러납니다. 즉 하느님은 이스라엘 백성의 하느님이 되시고, 이스라엘 백성은 하느님만을 섬겨야 하며, 자신들의 하느님이신 야훼께만 절대적인 충성을 바쳐야 한다는 것입니다. 이러한 절대적 충성을 위한 하느님의 요구사항들을 집약적으로 구체화한 것이 '십계명'十誡命이지요. 하느님께서는 이스라엘 백성이 당신의 이 계명을 충실히 지키고 당신을 사랑할 때, 그들을 보호하고 축복을 내리시는 분으로 드러납니다.

탈출기가 묘사하는 이 계약은 옛 왕국의 문서에서 발견되는 '봉신 계약'封臣契約의 성격을 띠고 있습니다. 이를테면 강한 나라의 왕이 자신보다 약한 나라의 왕과 계약을 맺는 방식이지요. 즉 탈출기에서 계약은 백성의 충심에 대해 축복으로 응답하시는 하느님의 자비를 드러내고 있습니다. 시나이 계약의 경우 계약의 제안자도 하느님이시고 계약의 조건을 제시하는 이도 하느님으로 나타나고 있습니다. 이렇게 볼 때 시나이 계약은 어디까지나 사랑하는 당신 백성에 대한 하느님의 호의이고 자비의 선물이라 할 것입니다.

'하느님과의 계약'은 거룩한 것이고 그래서 미소한 존재인 나와는 무관한 어떤 거창한 것이 아닙니다. '하느님과 나 사이에 맺은 약속'이 바로 계약이기 때문이지요. 사람 사이에도 약속을 지키는 것이 중요하다면, 하느님께 드린 약속에 나는 얼마나 충실해야 할까요? '세례 때 하느님께 드린 나의 약속'을 생각합시다. 나에게 내려질 심판의 때에 가장 중요한 잣대는 약속에 대한 이행의 정도가 될 것입니다!

하느님의 요구 사항

너에게는 나 말고 다른 신이 있어서는 안 된다. 너는 위로 하늘에 있는 것이든, 아래로 땅 위에 있는 것이든, 땅 아래로 물속에 있는 것이든 그 모습을 본뜬 어떤 신상도 만들어서는 안 된다. 너는 그것들에게 경배하거나, 그것들을 섬기지 못한다. …… 주 너의 하느님의 이름을 부당하게 불러서는 안 된다. …… 안식일을 기억하여 거룩하게 지켜라. …… 아버지와 어머니를 공경하여라. …… 살인해서는 안 된다. 간음해서는 안 된다. 도둑질해서는 안 된다. 이웃에게 불리한 거짓 증언을 해서는 안 된다. 이웃의 집을 탐내서는 안 된다. 이웃의 아내나 남종이나 여종, 소나 나귀 할 것 없이 이웃의 소유는 무엇이든 탐내서는 안 된다.(탈출 20,3-17)

하느님께서는 이스라엘 백성과 계약을 맺으면서 당신의 요구를 명확히 하셨습니다. (앞에서 언급한 대로) 그 요구들이 '열 가지 말씀' 혹은 '십계명'인데, 탈출기 20장과 신명기 5장에서 이 내용을 전하고 있습니다. 한편 이스라엘 백성이 하느님의 요구사항인 십계명을 바탕으로 더 상세하게 구체화한 것을 소위 '토라'torah 율법라고 합니다.

예수님께서는 "스승님, 율법에서 가장 큰 계명은 무엇입니까?" 하는 율법 교사의 물음에 "네 마음을 다하고 네 목숨을

다하고 네 정신을 다하여 주 너의 하느님을 사랑해야 한다. …… 네 이웃을 너 자신처럼 사랑해야 한다."고 말씀하셨습니다.(마태 22,34-40 참조) 계명들은 우리에게 부담스러운 짐이 아니라 하느님께서 요구하시는 거룩한 말씀들입니다. 계명들은 한마디로 사랑을 실천하라는 요청이고, 나를 축복하고 구원하시려는 하느님의 말씀들입니다. 이러한 요구를 하느님을 사랑하고 사람을 사랑하라는 초대의 말씀으로 기쁘게 받아들이면 좋겠습니다. 십계명을 비롯한 교회의 법규들에 대해 하느님과 벗들의 사랑에 두근거리며 응답하는 님들이 되시기를 바랍니다!

계약에 대한 충실의 결과

이제 너희가 내 말을 듣고 내 계약을 지키면, 너희는 모든 민족들 가운데에서 나의 소유가 될 것이다. 온 세상이 나의 것이다. 그리고 너희는 나에게 사제들의 나라가 되고 거룩한 민족이 될 것이다.(탈출 19,5-6)

하느님께서는 이스라엘 백성이 당신의 말씀을 듣고 계약을 지키면 어떤 축복을 받게 될 것인지 분명하게 알려 주십니다.

그것은 '하느님의 소유'가 되고, '사제들의 나라'가 되며, '거룩한 민족'이 되는 것입니다. 즉 이스라엘 백성은 하느님께서 당신이 소유한 보물처럼 이스라엘을 특별히 아끼는 백성이 될 것이고, 사제들의 지도를 따르거나 사제의 직분을 수행하는 민족이 될 것이며, 다른 민족들과 구분되어 온전히 하느님께 속하는 백성이 된다는 것입니다.

하느님의 말씀을 소홀히 하고, 하느님과의 계약을 지키지 않으며, 하느님의 계명들을 짐스럽게 여기면서 하느님의 축복을 기대할 수는 없습니다. 하느님과 인간을 사랑하라는 하느님의 요구에 성실하게 응답하지 않는 사람은 결코 하느님의 소유도, 하느님이 머무시는 집도, 거룩한 사람이 될 수도 없는 까닭입니다.
"주님은 자기 이름을 부당하게 부르는 자를 벌하지 않은 채 내버려 두지 않는다."(탈출 20,7) "그러나 나를 사랑하고 내 계명을 지키는 이들에게는 천대에 이르기까지 자애를 베푼다."(탈출 20,6)고 하셨습니다. 나의 응답을 기다리고 계시는 하느님께 나아갑시다! 나에게 말씀하시는 그분의 목소리에 귀를 기울이고, 그분의 계명을 기쁘게 지켜 나갑시다!

7
우상 숭배의 금지 : 주님의 편에 서라!

이스라엘 백성의 금송아지 공경

탈출기는 이스라엘 백성의 배신을 상징하는 금송아지 이야기에 앞서 자비하신 하느님의 행위를 다음과 같이 감동스럽게 전하고 있습니다.

하느님께서는 시나이 산에서 모세와 말씀을 다 하신 다음, 당신 손가락으로 쓰신, 돌로 된 두 증언판을 그에게 주셨다.(탈출 31,18)

여기서 '증언판'이란 신명기의 말씀에도 나와 있듯이, 모세가 이스라엘 백성에게 선포한 것으로, 하느님께서 이스라엘 백성들에게 실천할 것을 명하신 계약을 새긴 돌 판을 말합니다.

그분(주님)께서는 너희에게 실천하라고 명령하신 당신의 계약을, 곧 십계명을 너희에게 선포하시고 그것을 두 돌 판에 써 주셨다.(신명 4,13)

이렇게 하느님께서 직접 당신의 손가락으로 계명을 새겨 주셨지만 백성들은 지도자 모세의 부재不在를 견디지 못하고 아론에게 말하였습니다.

일어나, 앞장서서 우리를 이끄실 신을 만들어 주십시오. 우리를 이집트에서 데리고 올라온 저 모세라는 사람은 어떻게 되었는지 모르겠습니다.(탈출 32,1)

모세가 보이지 않는다는 것을 핑계로 백성들은 아론에게 자신들을 이끌 신을 만들어 달라고 요구하였고, 이에 아론이 백성들에게 금으로 된 귀고리를 가져오게 하여 수송아지 상을 만들자 그들은 송아지상 앞에서 외쳤습니다.

이스라엘아, 이분이 너를 이집트 땅에서 데리고 올라오신 너의 신이시다.(탈출 32,4)

이를 본 아론이 그 신상神像 앞에 제물을 쌓은 뒤 선포하기를, "내일은 주님을 위한 축제를 벌입시다."(탈출 32,5) 하자, 그들은 다음 날 일찍 일어나 번제물을 올리고 친교 제물까지 바쳤습니다.

오늘날에도 힌두교에서(사람들이) 소를 신성한 동물로 여기고, 종파에 따라서는 신으로 숭배하는 경우가 있듯, 일찍부터 가나안과 이집트에서 소는 '풍산豐產과 힘'을 상징하는 것으로 여겼습니다. 예를 들어, 고대 근동의 기념 기둥에는 풍산과 파종의 신이었던 '바알'이 힘센 황소 위에 서 있는 모습이 새겨져 있는 것을 볼 수 있습니다.

이렇게 하여 모세가 시나이 산에서 하느님의 계명을 받아든 그때, 이스라엘 백성은 벌써 그 계명의 첫머리 말씀을 어기고 있었습니다. 바로 다음의 말씀입니다.

너에게는 나 말고 다른 신이 있어서는 안 된다. 너는 위로 하늘에 있는 것이든, 땅 아래로 물속에 있는 것이든 그 모습을 본뜬 어떤 신상도 만들어서는 안 된다.(탈출 20,3-4)

우상 숭배를 금지한다는 계명 바로 그것입니다. 탈출기에서 우상 숭배 금령을 다른 무엇보다 중요시하는 것은 십계명의 금령을 위반해서는 안 된다는 것을 강조하기 위함이고, 아울러 북이스라엘이 실제 송아지를 만들어 숭배한 역사적 사실도 경계하기 위해서가 아닌가 합니다.

그 역사적 사실이란(예언자 아히야가 예고하였던 대로) 유다와 벤야민 지파를 제외한 북이스라엘 왕국의 임금으로 추대된(솔로몬의 신하로서 솔로몬에게 반기를 들었던) 예로보암의 잘못입니다. 솔로몬이 죽자 그의 아들 르하브암이 그 뒤를 이어 남쪽 이스라엘인 유다 임금이 되었을 때의 일이죠. 그때 북이스라엘의 임금이 된 예로보암은 백성들이 남유다의 예루살렘 성전을 찾는 일이 심히 신경 쓰였습니다. 그들이 예루살렘에 있는 주님의 집에 희생 제물을 바치러 올라갔다가 자칫 유다 임금인 르하브암에게 마음이 기울까 염려하였던 것이지요. 예로보암은 고심한 끝에 금송아지 모양으로 신상을 만드는 엄청난 잘못을 저지릅니다. 그렇게 북이스라엘을 위한 우상을 만들어 하나는 '베텔', 다른 하나는 '단' 성소에 두고 이렇게 말합니다.

예루살렘에 올라가는 일은 이만하면 충분합니다. 이스라엘이여, 여러분을 이집트 땅에서 데리고 올라오신 여러분의 하느님께서 여기에 계십니다.(1열왕 12,28)

인간이 만든 금송아지를 보고 백성들의 하느님이라 천명한 것이지요. 성경은 이렇게 잘못된 길을 걸었던 예로보암의 행실에 대해 분명하게 선언합니다.

그런데 이 일이 죄가 되었다.(1열왕 12,30)

탈출기는 다신론적인 예배의 한 요소인 금송아지 숭배를 분명히 정죄하고 있습니다. 하느님의 자리에 금송아지를 만들고 섬기다니요! 우상을 숭배한 일이 이스라엘 백성들만 저지른 잘못일까요? 보이지 않는 하느님을 견디지 못하고 끝없이 무언가 보이는 것에 집착하는 우리들이지 않습니까? 보이지 않는 하느님을 섬기기가 너무 힘들어 조금이라도 보이고 들리는 것을 찾는 우리들 아닌지요?
계시의 절정은 예수 그리스도이십니다. 보이지 않는 하느님을 우리에게 보여 주신 예수 그리스도 외에 다른 그 무엇도 하느님을 대신할 수 없음을 잊지 말아야 하겠습니다.

하느님의 진노를 풀어드린 모세

저들은 내가 명령한 길에서 빨리도 벗어나, 자기들을 위하여 수송아지 상을 부어 만들어 놓고서는, 그것에 절하고 제사 지내며, "이스라엘아, 이분이 너를 이집트 땅에서 데리고 올라오신 너의 신이시다." 하고 말한다. …… 이제 너는 나를 말리지 마라. 그들에게 내 진노를 터뜨려 그들을 삼켜 버리게 하겠다. 그리고 너를 큰 민족으로 만들어 주겠다.(탈출 32,8-10)

하느님께서는 일찍이 아브라함에게 말씀하신 것처럼 모세를 통해 완전히 새롭게 시작하겠다는 뜻을 밝히셨습니다. 모세를 새로운 백성의 아버지가 되게 하겠다는 말씀이었지요. 그럼에도 불구하고 모세는 처음의 마음을 잃지 않았습니다. 노예살이에 짓눌려 신음하는 당신의 백성을 이끌어 내도록 하느님의 부르심을 받은 자신의 첫 사명에 끝까지 최선을 다한 것입니다.

타오르는 진노를 푸시고 당신 백성에게 내리시려던 재앙을 거두어 주십시오. 당신 자신을 걸고, "너희 후손들을 하늘의 별처럼 많게 하고, 내가 약속한 이 땅을 모두 너희 후손들에게 주어, 상속 재산으로 길이 차지하게 하겠다." 하며 맹세하신 당신의 종 아브라함과 이사악과 이스라엘을 기억해 주십시오. 그러자 주님께서는 당신 백성에게 내리겠다고 하신 재앙을 거두셨다.(탈출 32,12-14)

"이 백성이 형님에게 어떻게 하였기에, 그들에게 이렇게 큰 죄악을 끌어들였습니까?" 모세의 질책에 아론은 이런 요지의 답을 합니다. "당신도 알다시피 이 백성은 원래 악으로 기울어져 있었던 데다가, 지도자 모세라는 사람이 어떻게 되었는지 모르겠다며 자신들을 이끌 신을 나보고 만들어 달라고 난리지 뭡니까! 그래서 내가 금붙이를 달라 해서 불에 던졌지요. 그랬더니 이 수송아지 형상이 나오지 않았겠습니까!" 정말 어처구니가 없습니다. 지도자의 역할이 얼마나 중요한지 생각하게 됩니다. 끝까지 하느님과 백성을 생각하는 모세와 비교할 때, 자신에게 닥친 위기와 곤궁만 피하고 보자는 식으로 결국 많은 백성을 파멸의 길로 이끌고 간 아론의 판단과 행동은 경솔하고 무책임하기 짝이 없는 것입니다.

지금 우리가 사는 이 나라에도 이런 자세로 인기와 여론에 집착하거나 자리보전에 연연한 사람들이 많아 보입니다. 아론처럼 말만 앞서거나 여론에만 솔깃해 하는 무책임한 사람 말고, 우직하게 자신의 책무를 다하는 모세와 같은 봉사자들이 많아지기를 소망합니다!

주님의 편, 주님을 위한 직무

모세는 하느님께서 새겨 주신 두 증언판을 들고 산을 내려왔습니다. 그는 수송아지를 섬기고 있는 백성들을 보고 화가 나서 들고 있던 두 돌 판을 산 밑으로 던져 버렸습니다. 증언판을 산산조각 낸 모세는 백성들이 만든 수송아지를 태워 가루로 빻아 물에 뿌리고 마시게 했습니다. 그런 다음 그는 진영 대문에 서서 "누구든지 주님의 편이거든 나에게로 오너라." 하였고, 이에 모여든 레위의 자손들에게 명하였습니다.

주 이스라엘의 하느님께서 이렇게 말씀하신다. "너희는 각자 허리에 칼을 차고, 진영의 이 대문에서 저 대문으로 오가면서, 저마다 자기 형제와 친구와 이웃을 죽여라."(탈출 32,27)

대략 삼천 명 정도가 '누구보다 적극적으로 주님의 편에 섰던' 레위의 자손들 칼에 맞아 죽었습니다. 다신교들이 섬기는 금송아지를 만들고(우상을) 숭배하는 잘못을 범하였지만, 모세의 분부에 따라 '주님의 편에 섰던' 사람들은 살아남았고, '주님의 편에 서지 않았던' 사람들은 죽임을 당하였습니다. 그렇게 죽은 사람들은 바로 레위인들의 형제, 친구, 이웃이었습니다. 레위인들과 가까운 사람들이었지만 주님의 편에 서지 않았던 것이지요.

그러면 레위인들은 금송아지를 섬기지 않았을까요? 그렇게 단정하기는 어렵습니다. 레위인들이 주님의 편에 섰다는 것은 '가족의 속박에서 벗어나 있었던 레위인들'의 특징을 암시한다고 봅니다. 즉 레위인들이 사제직에 임명된 것은 단순히 그들이 레위가문에 속해서가 아니라, 자기 아들과 형제들을 먼저 특별히 고려하거나 혈족을 특별히 돌보지 않는 현실적인 이유 때문입니다. (참고로, 실제 레위인이 아니면서도 사제로 임명되는 사람이 있었다고 합니다.) 성조 야곱이 열두 아들을 축복하였듯이 모세가 각 지파의 앞날을 예고한 장엄한 맹세와 기도, 여기에 이에 대한 힌트가 있습니다. 모세는 레위를 두고 이렇게 말합니다.

그는 자기 아버지와 어머니를 두고 "나는 그를 본 적이 없다." 하며 자기 형제를 외면하고 자기 아들들을 아는 체하지 않았습니다. 정녕 그는 당신의 말씀을 지키고 당신의 계약을 준수하였습니다.(신명 33,9)

모세는 레위인들이 가족을 버리고 하느님을 위해 투신한 대가로 주님을 위한 직무, 곧 사제직을 맡았다고 하면서, 그들에게 하느님의 복을 빌어 주었던 것이지요.

주님의 편에 서는 자들을 모으고 그렇지 않은 자들을 벌한 모세의 중재로 이스라엘 백성들은 죄를 용서받고 계속해서 약속의 땅으로 나아갈 수 있었습니다. 사제직은 우리를 구원으로 이끄는 교회에 봉사하는 직무입니다.
주님의 편에 선다는 것은, 주님의 말씀에 충실하게 살아가는 것이고, 설사 잘못을 범하더라도 주님을 등지지 않고 용서를 구하는 것입니다. 영원한 생명을 약속하시는 주님의 곁을 떠나지 말아야 하겠습니다. 어떠한 어려움이 닥칠지라도 주님의 곁에 머무를 은총을 구합시다! "영원한 사제이신 예수 그리스도님, 당신의 편에서 백성들을 위해 봉사하는 사제들을 이끄시고, 그들을 통해 하느님의 나라를 이루소서!"

8
모세의 간절한 기도에 대한 하느님의 응답

모세의 중재와 하느님의 징벌 예고

다음날 모세는 주님께 나아가 혹시 백성이 지은 큰 죄를 갚을 수 있을까 여쭈었습니다.

아, 이 백성이 큰 죄를 지었습니다. 자신들을 위하여 금으로 신을 만들었습니다. 그러나 이제 그들의 죄를 부디 용서해 주시기 바랍니다. 그렇게 하시지 않으려거든, 당신께서 기록하신 책에서 제발 저를 지워 주십시오.(탈출 32,31-32)

여기서 말하는 '책'은 인구 조사 때에 만들어진 '명부'名簿를 뜻하는 것으로, 이 명부에서 이름이 지워지는 것은 더 이상 백성에 들지 않고 제외된다는 것을 의미합니다. 당시 사람들은 하느님께서도 이처럼 살아 있는 자들의 목록을 가지고 계셔서, 죽어야 할 자는 그때마다 목록에서 삭제하신다고 생각하였습니다. 이런 의미를 담아 시편 69,29은 소위 '생명의 책'을 언급하고 있습니다. "그들이(제 원수들이) 생명의 책에서 지워지고 의인들과 함께 기록되지 않게 하소서."

모세는 하느님께서 이스라엘 백성의 죄를 용서해 주지 않으시려거든 자신의 죄도 물어달라고 간청하였습니다. 이러한 모세의 요청에 하느님께서는 죄 없는 모세에게 백성들을 이끌어 갈 사명을 계속 맡길 것이지만, 백성의 잘못에 대한 징벌의 날은 따로 있을 것임을 분명히 하셨습니다.

나는 나에게 죄지은 자만 내 책에서 지운다. 이제 너는 가서 내가 너에게 일러 준 곳으로 백성을 이끌어라. 보아라, 내 천사가 네 앞에 서서 나아갈 것이다. 그러나 내 징벌의 날에 나는 그들의 죄를 징벌하겠다.(탈출 32,33-34)

탈출기는 여기서 이스라엘 백성이 범한 제의적 타락을 지금 당장 처벌하지는 않을지라도 언젠가는 반드시 징벌할 것임을 강조하며 다음 구절을 덧붙입니다.

그 뒤 주님께서는 백성이 수송아지를 만든 일 때문에, 곧 아론이 만든 수송아지 때문에 백성에게 재앙을 내리셨다.(탈출 32,35)

"그러나 내 징벌의 날에 나는 그들의 죄를 징벌하겠다."(탈출 32,34)는 하느님의 말씀을 나에 대한 경고의 말씀으로 가슴에 새겨보면 어떨까요? 내 자신이 범한 잘못에 대해서도 하느님께서는 같은 말씀을 하시지 않을까요? 지금 당장은 아니더라도 언젠가는 그 죄를 기워 갚게 될 것이라는 생각으로, 하루하루 회개와 보속의 삶을 성실히 살아가면 좋겠습니다.

죄 지은 백성에 대한 하느님의 요구

너희는 젖과 꿀이 흐르는 땅으로 올라가거라. 그러나 나는 너희와 함께 올라가지 않겠다. 너희는 목이 뻣뻣한 백성이므로, 도중에 내가 너희를 없애 버릴 수도 있기 때문이다.(탈출 33,3)

여기서 백성의 '목이 뻣뻣하다'는 표현은 그들이 제멋대로 하느님을 거슬러 금송아지를 숭배하며 타락한 것을 암시하고 있습니다. 하느님께서는 이스라엘 백성에게 출발을 명령하지만, 그 길에서 또 당신을 배신하고 우상 숭배의 잘못을 저지를 것이 자명하니 함께 가지 않겠다고 하셨습니다. 당신이 다시 잘못을 범하는 백성을 없애 버릴 염려가 있으니 차라리 가지 않는 게 낫겠다고 하신 것이지요. 참 서글픈 말씀이지만 한편으론 감격스런 말씀이 아닐 수 없습니다. 당신 백성이 또 잘못된 길로 들어설 것임을 잘 알고 계시지만, 당신이 화를 참지 못하여 백성을 다치게 할 위험이 있으니 떨어져 있으시겠다는 것 아닙니까!

백성은 이렇듯 참담한 말씀을 듣고 슬퍼하며, 패물을 몸에 다는 사람이 없었다.(탈출 33,4)

이 구절은 다음 이어지는 하느님의 말씀과 관련하여 이해할 필요가 있습니다.

너희는 목이 뻣뻣한 백성이다. 내가 한순간이라도 너희와 함께 올라가다가는, 너희를 없애 버릴 수도 있다. 그러니 이제 너희는 패물을 몸에서 떼어 내어라. 그러면 내가 너희를 어떻게 할지 결정하겠다.(탈출 33,5)

이 두 구절을 종합해 보면, 이스라엘 백성은 하느님께서 패물을 몸에서 떼어 낼 것을 명하시자 그 말씀에 순종하면서,

또 자신들과 동행하지 않겠다는 하느님의 말씀에 슬픈 마음으로 기꺼이 장식품을 달지 않았던 것으로 보입니다. 하느님께서는 이스라엘 백성이 다시금 그들의(금송아지를 만들고 싶은) 마음을 흔들어댈 수 있을 만큼 위험한 패물을 몸에서 떼어 내라 하신 것이고, 이스라엘 백성은 자신들이 진정으로 또 지속적인 회개를 한다는 의미로 패물을 지니지 않았다는 것이지요.

모세의 간단없는 기도와 하느님의 응답

모세는 다시 하느님께 간청하며 백성을 위해 계속 기도를 올립니다.

보십시오, 당신께서는 저에게 "이 백성을 데리고 올라가거라." 하고 말씀하셨습니다. …… 그러니 이제 제가 당신 눈에 든다면, 저에게 당신의 길을 가르쳐 주십시오. 그러면 제가 당신을 알고, 더욱 당신 눈에 들 수 있을 것입니다. 이 민족이 당신 백성이라는 것도 생각해 주십시오.(탈출 33,12-13)

모세의 관심은 먼저 자신이 하느님의 눈에 드는 것이고, 그 다음 하느님께서 가르쳐 주시는 길을 따라 가는 것이었습니다. '하느님께서 가르쳐 주시는 길'을 따라가는 일이 참으로 중요했습니다. 그 길을 따를 때 백성을 이끌라는 자신의 소명을 다 할 수 있기 때문입니다. 하느님께서 대답하셨습니다.

내가 몸소 함께 가면서 너에게 안식을 베풀겠다.(탈출 33,14)

하느님께서 이토록 감격스런 말씀을 해 주셨음에도 모세는 또 간청합니다. 하느님으로부터 당신이 함께하실 것이라는 말씀을 확실하게 듣고 싶었던 것이지요.

이제 저와 당신 백성이 당신 눈에 들었는지 무엇으로 알 수 있겠습니까? 저희와 함께 가시는 것이 아닙니까? 그래야만 저와 당신 백성이 땅 위에 있는 다른 모든 주민과 구분되는 것이 아닙니까?(탈출 33,16)

이에 하느님께서는 말씀하셨습니다.

네가 청한 이 일도 내가 해 주겠다. 네가 내 눈에 들고, 나는 너를 이름까지도 잘 알기 때문이다.(탈출 33,17)

모세는 하느님의 눈에 들었습니다. 자신과 백성을 위한 모세의 간단間斷 없는 기도에 그를 어여삐 보신 하느님께서 마음을 바꾸셨습니다. 이러한 모세를 보며 백성을 위한 중개자의 역할이 얼마나 중요한 것인가를 생각해 보게 됩니다. 설령 백성들이 부족함이 있더라도 지도자가 하느님의 눈에 든다면, 그 백성들은 구원의 길을 더 잘 걷게 된다는 것이지요. 부족한 백성일수록 더 현명한 인도자, 자기관리에 더 철저한 지도자를 필요로 합니다. 그러한 지도자를 보내 주십사 기도할 필요도 못 느낄 만큼 우둔한 일은 없어야 하겠습니다.

9
자비로우신 하느님의 새로운 계약

하느님께서 보여 주시는 영광

당신의 영광을 보여 달라는 모세에게 하느님께서 말씀하셨습니다.

나는 나의 모든 선을 네 앞으로 지나가게 하고, 네 앞에서 '야훼'라는 이름을 선포하겠다.(탈출 33,19)

하느님께서는 모세의 간청에 따라 당신의 영광을 보여 주시지만, 당신이 지니신 모든 좋은 것을 모세에게 그대로 보여 주시지 않고 다만 앞을 지나가도록 하셨습니다. 왜 그러신 걸까요? 다음 말씀에서 답을 얻을 수 있겠습니다.

그러나 내 얼굴을 보지는 못한다. 나를 본 사람은 아무도 살 수 없다.(탈출 33,20)

즉 하느님께서는 당신의 영광을 보여 주시되, 세상에 살아 있는 사람에게는(그들이 그 영광을 보고나서 살 수가 없기에) 얼굴을 직접 보여 주는 것이 아니라 영광이 지나가는 것만 보여 주시겠다고 말씀하십니다.

이런 의미에서 신학에서 '우리가 이 세상을 떠난 후 누리게 될 구원의 상태'를 표현하는 '지복직관'至福直觀 visio beatifica, Vision of God이라는 단어가 설득력 있게 들립니다. 즉(살아 있는 이들이 아니라) 이 세상을 떠난 이들이 누리게 될 완전한 구원의 상태는 ('지복직관'이 뜻하는 것처럼) 바로 '하느님을 직접 마주보는 지극히 복된 상태'라는 것이지요. 결국 완전한 구원은 하느님의 얼굴을 맞대고 보는 것이고, 그러한 상태는 죽음 이후에야 가능한 것 아니겠습니까! 하느님을 보려면 죽어야 하는 것이고, 그래서 살아 있는 우리에게 구원의 상태는 어려울 수밖에 없는 것 아닐까요?

자비롭고 너그럽고 진실하신 하느님

당신의 영광을 모세 앞으로 지나가게 하겠다고 하신 하느님께서 덧붙여 말씀하셨습니다.

나는 내가 자비를 베풀려는 이에게 자비를 베풀고, 동정을 베풀려는 이에게 동정을 베푼다.(탈출 33,19)

하느님께서 모세가 당신의 얼굴을 보고 죽지 않도록, 모세에게 자비와 동정을 베푸신다는 말씀일까요? 아직 할 일이 많은 모세에게 하느님께서 자비와 동정을 베풀어 당신을 보고 죽지 않게 하셨다는 말도 일리는 있어 보입니다. 아무튼 확실한 것은, 이 말씀이 하느님 자신에 대해 잘 드러내고 있다는 것입니다.

이는 하느님께서 모세에게 "네가 깨뜨려버린 그 처음 돌 판에 새겨져 있던 말을 내가 새 돌 판에 다시 써 주겠다."(탈출 34,1) 하시며 선포하신 말씀에서도 분명히 드러납니다. 하느님께서 구름에 싸여 내려오시어 '야훼'라는 이름을 선포하실 때 모세 앞을 지나가며 하신 말씀이 그것인데, 이는 앞서 탈출기 20장에서 십계명을 주실 때 이미 하신 말씀이기도 합니다.

주님은, 주님은 자비하고 너그러운 하느님이다. 분노에 더디고 자애와 진실이 충만하며 천대에 이르기까지 자애를 베풀고 죄악과 악행과 잘못을 용서한다. 그러나 벌하지 않은 채 내버려 두지 않고 조상들의 죄악을 아들 손자들을 거쳐 삼 대 사 대까지 벌한다.(탈출 34,6-7)

하느님께서는 당신에 대해 오해하지 않도록 분명하게 알려 주셨습니다. "나는 자비롭고 너그럽다. 쉽게 분노하지 않고 참으로 자애롭고 진실하다. 나는 대대손손 너희에게 자애를 베풀어 너희의 모든 잘못을 용서하겠다. 하지만 너희는 너희가 저지른 죄악에 대해 분명한 책임을 져야 할 것이다." 하느님께서는 당신이 자비롭고 너그러우시지만 벌할 것은 벌하시는 심판의 하느님이심을 밝힌 것입니다.

"네가 깨뜨려버린 그 처음 돌 판에 새겨져 있던 말을 내가 새 돌판에 다시 써 주겠다." 하느님께서 내 마음의 돌 판에 당신의 사랑과 뜻을 새겨 주셨다고 생각해 보면 어떨까요? 내 마음의 돌 판은 지금 어떠한가요? 새겨진 말씀이 바래버린 건 아닌가요? 혹 그 돌 판이 깨져 있는 건 아닌가요? 바래버린 말씀이라면 새겨진 자리를 깨끗이 하고 글자를 분명히 새겨야 하겠고, 깨진 돌 판이라면 하느님께 새로운 돌 판에 다시 써 주시기를 청해야 할 것입니다. 매일 매일 하루를 새로이 시작할 때 또는 잠자리에 들기 전에, 내 마음의 돌 판을 어루만져 보는 시간을 조금씩 가져보면 좋겠습니다.

"너희의 죄악을 용서해 주겠다. 하지만 벌하지 않은 채 그냥

두지는 않겠다!" 어떻게 보면 탈출기의 하느님께서는 모순되는 말씀을 하십니다. 하지만 용서와 벌에 대한 하느님의 이런 입장은 오늘날 교회의 그것과 상충되지 않다는 말씀을 드리고 싶습니다. 트리엔트 공의회의 고해성사 규정 제12조에서는 다음과 같이 언급하고 있습니다.

용서는 죄를 없애 주지만 죄의 결과로 생긴 모든 폐해를 고쳐 주지는 못한다. 죄에서 벗어난 사람은 완전한 영적 건강을 회복해야 한다. 그러므로 그 죄를 갚기 위해서는 무엇인가 더 실행하여야 한다. 적절한 방법으로 죄를 '보상'하거나 '속죄'하여야 할 것이다. 이러한 갚음을 '보속'補贖이라고 부른다.(가톨릭교회 교리서, 1459항)

즉 우리 죄에 대해 하느님의 용서가 있어도, 내가 저지른 죄로 인해 받아야 할 벌은 여전히 남아 있다는 것이지요.

죄를 용서받고 하느님과 맺는 친교를 회복하면 죄의 영벌은 면제되지만 잠벌은 남아 있다.(가톨릭교회 교리서, 1473항)

교회는 용서받은 죄인이 자신이 지은 죄로 인해 받아야 할 벌을 이 세상에서 보속으로 갚지 못할 경우, 그 죄인은 죽은 뒤에 '연옥'이라고 부르는 상태의 정화를 필요로 한다고 가르치고 있습니다. 이러한 죄인의 정화를 도와주는 것이 바로 교회가 베푸는 '대사'大赦이지요. 탈출기의 하느님께서 용서와 벌에 대해 하시는 말씀이 님들께 잘 와닿기를 바랍니다.

하느님께서 지나가시다

하느님께서 모세에게 하신 말씀 중에 이런 말씀이 있습니다.

여기 내 곁에 자리가 있으니, 너는 이 바위에 서 있어라. 내 영광이 지나가는 동안 내가 너를 이 바위 굴에 넣고, 내가 다 지나갈 때까지 너를 내 손바닥으로 덮어 주겠다.(탈출 33,21-22)

여기서 하느님께서 모세 앞을 지나가셨다는 것은, 하느님께서 계약을 선포할 때 그러하신 것처럼 계약을 갱신하는 자리에서 당신의 모습을 보여 주심을 뜻합니다. 일찍이 하느님께서 시나이 산에서 이스라엘 백성과 계약을 맺으실 때 모세를 비롯한 이스라엘 원로들에게 당신을 보여 주시고, 당신의 영광이 그 산에 자리 잡고 구름이 엿새 동안 산을 덮게 하신 것처럼, 그렇게 다시 계약을 맺는 자리에서 자신을 드러내신다는 말입니다.

계약의 재체결

이제 내가 계약을 맺는다. 나는 세상 어느 곳에서도, 어떤 민족에게서도 일어난 적이 없는 기적들을 너의 온 백성 앞에서 일으키겠다. 너를 둘러싼 온 백성이 주님의 일을 보게 될 것이다. 내가 너와 함께 할 이 일은 참으로 놀라운 것이다.(탈출 34,10)

이스라엘 백성은 우상 숭배의 죄를 저질렀고, 그에 분노한 모세는 하느님께서 새겨주신 계명의 돌 판을 깨트립니다. 이로써 일찍이 하느님과 이스라엘 간에 맺어진 계약은 파기되었습니다. 하지만 자비로우신 하느님께서는(당신께 반역하였던) 이스라엘 백성에 대한 당신의 사랑을 거두지 않으시고, 다시 계약을 맺기 바라며 말씀하셨습니다.

너희는 내가 오늘 너희에게 명령하는 것을 잘 지켜라. …… 너희는 다른 신에게 경배해서는 안 된다.(탈출 34,11-14)

이렇게 하느님께서는 당신과의 계약을 새롭게 하고 기존의 십계명 외에 다른 계명들을 추가로 내려주셨는데, 십계명에서 우선적으로 언급한 "너에게는 나 말고 다른 신이 있어서는 안 된다."(탈출 20,3)는 말씀을 좀 더 구체화하여 강조하고 있습니다. 추가된 계명들은 종교 의식을 강조한다는 의미에서 '제의적 십계명'이라 부르고, 기존의 십계명은 '윤리적 십계명'이라 합니다.

질투하는 하느님?

하느님께서는 새 계약을 맺으실 때 다른 신과 우상에 대한 숭배를 금지하고 당신 자신에 대해서 엄청난 표현을 쓰셨습니다.

주님의 이름은 '질투하는 이', 그는 질투하는 하느님이다.(탈출 34,14)

이는 앞서 시나이 산에서 처음 계약을 체결하시면서 십계명을 주실 때 하신 말씀에 대한 반복이기도 합니다.

주 너의 하느님인 나는 질투하는 하느님이다.(탈출 20,5)

이 외에도 신명기에서 세 번, 여호수아기에서 한 번 '질투하는 하느님'이라는 표현이 나옵니다. 지극히 선하신 하느님께서 질투라니요? 일반적으로 질투는 "시기와 욕심에서 나오는 것으로 남을 미워하고 깎아 내리는 마음"을 뜻하기도 하지만, "연인과 사랑하는 이들 사이의 사랑에서 나오는, 샘을 내고 미워하거나 싫어하는 마음"을 뜻하기도 합니다. 여기서는 후자의 의미에 가깝습니다. 즉 '질투하는 하느님'이라는 표현은, "하느님께서는(가나안 사람들이 믿었던 풍요 다산을 관장하는) '아세라'와 같은(이방의) 신을 이스라엘 백성이 경배하는 것을 용납하시지 않으신다." "하느님께서는 이스라엘 백성이 다른 신들을 위해 드리는 경신례敬神禮를 용납하지 않으신다." "하느님께서는 이스라엘 백성이 당신의 명령에 전적으로 순명하기를 요구하신다." 는 뜻을 내포하고 있습니다.

하느님께서는 내가 하느님 아닌 다른 그 무엇을 당신의 자리에 두거나, 당신보다 더 사랑하는 것을 견디기 힘들어하십니다. 우리에 대한 하느님의 질투하는 사랑에 감사하면서, 우리도 그분의 크신 사랑에 맞갖은 사랑의 응답을 드리기에 힘써야 하겠습니다!

레위기

레위기

레위기와 민수기에서 들려오는 하느님의 말씀

창세기에 이어 탈출기에서 소개하는 여러 사건과 이야기를 통해 하느님께서 하시고자 하는 말씀을 살펴보았습니다. 이제 탈출기 후반부터 레위기, 민수기, 그리고 신명기는 이야기가 아닌 율법에 대한 서술이 많이 이어지고 있습니다. 그러면 이러한 율법서를 통해 하시는 하느님의 말씀은 무엇일까요? 율법은 하느님께서 우리를 구원의 길로 이끄시기 위해 몸소 하신 은혜의 말씀으로 가득 차 있습니다. 그럼에도 필자는 율법에 대해 묵상한 바를 글로 쓰는 일이 그 풍부함으로 인해 자칫 고루한 반복이 될까 두려움을 가집니다. 이는 다른 의미에서 하느님 말씀이 주는 신선함과 새로움을 율법에서 찾는 일이 쉽지 않다는 고백이기도 합니다. 이런 이유로 레위기와 민수기 편에서는 이 책들을 통해 하느님께서 들려주시는 말씀 중 독자에게 꼭 소개해 드리고 싶은, 또 필자에게 특별히 와 닿는 부분에 주목하고자 합니다.

"율법은 '하느님께서 당신 백성을 가르치시려고 몸소 주신 선물'입니다."(강수원, 《구약 성경 에세이》, 114쪽)라는 표현처럼, 예수님께서는 율법이 아버지 하느님께서 사람들을 구원하기 위해 몸소 베푸시는 은혜로운 선물임을 잘 알고 계셨습니다. 그분께서 하신 말씀을 보십시오.

내가 율법이나 예언서들을 폐지하러 온 줄로 생각하지 마라. 폐지하러 온 것이 아니라 오히려 완성하러 왔다. 내가 진실로 너희에게 말한다. 하늘과 땅이 없어지기 전에는, 모든 것이 이루어질 때까지 율법에서 한 자 한 획도 없어지지 않을 것이다.(마태 5,17-18)

너희의 의로움이 율법 학자들과 바리사이들의 의로움을 능가하지 않으면, 결코 하늘 나라에 들어가지 못할 것이다.(마태 5,20)

예수님은 율법의 준수가 구원을 위해 얼마나 중요한지를 강조하셨습니다. 그분께서는 율법의 정신을 사랑의 실천으로 요약하십니다. "남이 너희에게 해 주기를 바라는 그대로 너희도 남에게 해 주어라. 이것이 율법과 예언서의 정신이다."(마태 7,12) 하셨고, "스승님, 율법에서 가장 큰 계명은 무엇입니까?"(마태 22,36)라고 묻는 율법교사에게 "'네 마음을 다하고 네 목숨을 다하고 네 정신을 다하여 주 너의 하느님을 사랑해야 한다.' 이것이 가장 크고 첫째가는 계명이다. 둘째도 이와 같다. '네 이웃을 너 자신처럼 사랑해야 한다.'는 것이다. 온 율법과 예언서의 정신이 이 두 계명에 달려 있다."(마태 22,37-40) 하시며 사랑의 이중 계명을 주셨습니다.

율법에 충실한 길은 사랑을 실천하는 것이고, 사랑을 실천하는 것은 구원에 이르는 확실한 길입니다. 하느님을 사랑한다고 말하면서 이웃을 외면하는 사람은 구원의 길이 아니라 파멸의 길을 가고 있는지도 모릅니다!

레위기 - 사랑의 율법서

레위기는 이스라엘의 역사에서 늦게 쓰여진 책 중의 하나로서 구약 성경의 다른 책들에 끼친 영향은 미미합니다. 하지만 레위기는 유배 시기 이후 이스라엘 백성이 지켜야 할 종교, 생활, 관습, 제사 의식 등 여러 가지 율법에 대해 풍부한 내용을 전해 주고 있습니다. '레위기'는 '레위 사람의, 혹은 레위에 속하는' 의 뜻을 지닌 그리스에서 온 라틴어 '레비티쿠스'Leviticus에서 유래한 것으로, 율법 가운데 제사와 종교를 관장하는 레위인의 이름에 그 기원을 두고 있습니다.

레위기는 하느님께서 당신 백성에게 '규칙과 법규들'을 주시고 이를 실천해야 멸망의 길이 아닌 구원의 길로 갈 수 있음을 총 27장에 걸쳐 가르치고 있습니다. 레위기는 율법을 강조하면서도, 이스라엘 백성이 어떤 외적인 종교의식을 거행하는 것만으로 구원에 이를 수 없고, 살아계신 하느님의 말씀과 뜻을 실천하며 하느님의 마음에 들어야 구원에 이를 수 있음을 역설합니다. 또한 하느님과 사람 사이에서 근본적인 중개 역할을 하는 '경신례'와 '사제직'의 역할을 강조하고 있습니다. 이는 임금이 더 이상 역할을 하지 못하고 예언자들도 사라져 버린 유배 이후에 사제들의 정치적 영향력이 증대함으로써 자연스럽게 생겨난 시대적 경향이었습니다.

이스라엘 백성은 '예루살렘 성전의 파괴'와 '유배'라는 엄청난 시련을 겪으면서 자신들이 저지른 죄악을 돌아보고 하느님의 용서를 절실하게 구하게 되었습니다. 레위기는 그에 대한 숙고에서 '피를 통한 사죄赦罪'의 중요성을 깨닫고 하느님과의 화해를 위해 희생 제물을 바치는 제사를 강조하게 되었습니다. 이렇게 레위기는 속죄의 정신으로 하느님께 용서를 구하면서 바치는 '속죄 제물'을 강조하면서, 동시에 하느님과 사람들이 함께 벌이는 잔치의 성격을 지닌 '친교 제물' 혹은 '화목和睦 제물'도 소개하고 있습니다. 독특하게도 레위기에는 성경의 다른 곳에서는 거의 찾아볼 수 없는 '보상 제물'이 언급되어 있는데, 이는 하느님께 속한 것을 실수로 취하여 저지른 잘못을 속죄하며 본디 값어치의 오분의 일을 더해 보상하거나 상환하는 제물을 뜻합니다.

레위기에서 특별히 생각해 볼 하느님의 말씀은 '거룩함' 혹은 '성성'聖性 sanctitas에 대한 메시지입니다. 거룩함은 구약 성경 안에서 종교 의식 뿐만 아니라 도덕적인 의미에서도 중요하게 강조되는 개념으로서, 절대적으로 전능하시고 초월하여 계신 하느님의 '신성'神性과 거룩하신 하느님께서 당신의 성성에 참여하기를 원하시는 인간의 '성덕'聖德과 관련되어 있습니다. 이를 잘 드러내는 성경 구절이 바로 레위기에 나오는 다음 말씀들입니다.

나, 주 너희 하느님이 거룩하니 너희도 거룩한 사람이 되어야 한다.(레위 19,2)

너희는 자신을 거룩하게 하여 거룩한 사람이 되어야 한다. 내가 주 너희 하느님이기 때문이다.(레위 20,7)

인간을 초월하여 계시고 인간이 도무지 헤아릴 길 없는 거룩하신 하느님, 그분께서 당신 자신을 인간에게 알게 해 주시고 당신의 뜻을 알려주시며 바라시는 바, 그것은 인간이 당신의 거룩하심을 따르며 닮기를 바라는 '참여'입니다. 하느님께서는 이스라엘 백성을 선택하셨고 그 백성이 다른 여느 백성과 다르기를 원하셨습니다. 하느님의 이러한 선택은 이스라엘 백성이 수행해야 하는 도덕적인 의무, 즉 성덕의 실천으로 이어지는 것입니다. 또한 레위기는 하느님의 거룩하심에 대한 인간의 참여와 함께(예수님께서 율법을 요약하며 강조하신) 이웃 사랑을 강조하고 있습니다.

너희는 마음속으로 형제를 미워해서는 안 된다. 동족의 잘못을 서슴없이 꾸짖어야 한다. 그래야 너희가 그 사람 때문에 죄를 짊어지지 않는다. 너희는 동포에게 앙갚음하거나 앙심을 품어서는 안 된다.

네 이웃을 너 자신처럼 사랑해야 한다. 나는 주님이다. 너희는 나의 규칙들을 지켜야 한다. …… 너희는 나의 규칙들을 지키고 그것들을 실천해야 한다. 나는 너희를 거룩하게 하는 주님이다.(레위 19,17—20,8)

'성성'聖性이라는 개념은 다음 세 가지 근본 의미를 지니고 있다고 합니다. 곧 "모든 속된 것으로부터의 분리, 하느님과의 통교를 이루기 위한 성별聖別, 그리고 하느님의 뜻을 실행하기 위해 그분께 봉사하겠다는 다짐"이 그것입니다.(한국천주교 주교회의, 《주석 성경 구약》, 277쪽 참조) 우리를 향한 하느님의 사랑과 우리에 대한 그분의 선택은 도덕적인 의무를 요구하고 있습니다. 하느님의 사랑에 감사하며 세속적이고 물적인 것보다 천상적이고 영적인 것을 추구합시다. 죄악을 멀리하는 가운데 하느님의 뜻에 따라 거룩하게 살면서, 사랑을 실천하고 봉사에 힘씁시다!

민수기

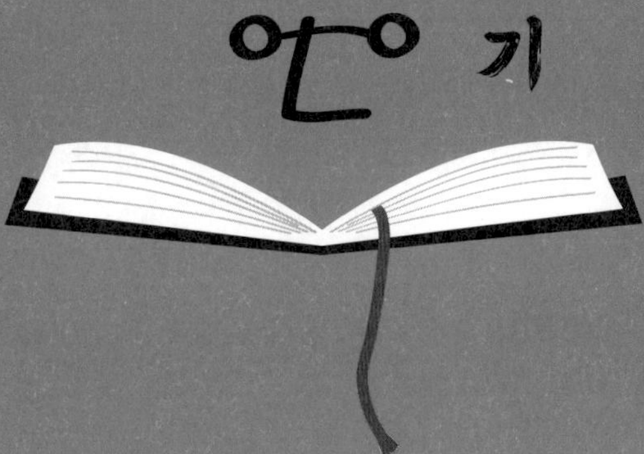

민수기

민수기는 원래 히브리 말로 '광야에'를 뜻하는 '버미드바르'Bemidbar입니다. 그리스 말 역자들이 이 책의 첫머리에서 인구조사를 다룬다는 이유로 '수數들'이라 칭하였고, 이를 우리나라에서는 '민수기'民數記라 부르고 있습니다. '광야에'라는 이름에서도 알 수 있듯 민수기의 배경은 광야인데, 모세가 이스라엘 백성을 이끌고 하느님께서 약속하신 땅으로 올라가는 중에, 하느님께 거듭 반역을 저지르고 그 죄의 용서를 구하는 여정을 다루고 있습니다.

민수기가 그리는 거룩한 백성, 곧 이스라엘 공동체의 이상적인 모습은 하느님의 말씀으로 통치되는 백성입니다. 그 백성은 약속의 땅으로 향하는 광야의 여정에서 '하느님에 대한 경신례敬神禮'에 헌신하는 백성으로 거듭납니다. 하느님께서는 이 여정에 친히 함께하시고 화려한 성전이 아니라 공동체의 중심에 자리한 천막 안에 거처하십니다. 이는 그분의 현존이 어떤 성전에 국한되지 않고 백성 한가운데 있다는 것을 상징적으로 보여 줍니다.

민수기 - 사제들을 통한 하느님의 축복

하느님께서 이렇게 백성들 가운데 현존하신다는 사실은 큰 위안이 되는 동시에 두려움을 불러일으킵니다. 거룩하신 하느님께서 그들 가운데 계시니 죄인들의 공동체가 늘 징벌의 위험에 놓여 있을 수밖에 없기 때문이지요. 이러한 가운데 사제와 레위인들의 제도가 나름의 역할을 했습니다. 사제와 레위인들처럼 특별히 선택된 사람들이 (죄인들로 인한 하느님의 진노를 풀어드리기 위해 기도함으로써) 속죄를 얻어낼 수 있다고 여겼던 것입니다.

주님께서 그대에게 복을 내리시고 그대를 지켜 주시리라. 주님께서 그대에게 당신 얼굴을 비추시고 그대에게 은혜를 베푸시리라. 주님께서 그대에게 당신 얼굴을 들어 보이시고 그대에게 평화를 베푸시리라.
(민수 6,24-26)

하느님께서 모세에게, 아론과 그의 아들들인 사제들이 이스라엘 자손들에게 축복을 빌어줄 때 하라고 한 말씀입니다. 민수기 6장은 자신을 하느님께 봉헌하고자 특별히 서원하는 '나지르인'에 관한 법을, 후반부에서는 '사제의 축복'에 관하여 언급하시며 "그들이 이렇게 이스라엘 자손들 위로 나의 이름을 부르면, 내가 그들에게 복을 내리겠다."(민수 6,27)는 말씀을 덧붙이고 있습니다. 이는 사제들은 사람들에게 하느님의 축복을 빌어 주어야 하고, 사제가(사람들에게) 축복의 기도를 하면 하느님께서는 (사람들을) 축복하시리라는 의미이지요.

준성사의 거행은 세례로 받은 보편 사제직에 속한다. 세례 받은 사람은 모두 그 자신이 '복'이 되어야 하며 남을 축복해야 한다. 그러므로 평신도들이 집전할 수 있는 축복 예식들도 있다.(가톨릭교회 교리서. 1669항)

사제는 사람들에게 하느님의 축복을 빌어 주는 사람입니다. 그러나 하느님의 축복은 사제들만이 베풀 수 있는 것이 아닙니다. 신자들 사이에서도, 특히 가족 안에서도 베풀어져야 하는 것이 하느님의 축복임을 잊지 맙시다! 세례를 통하여 보편사제직에 참여하는 나는 형제 자매들에게 하느님의 축복을 빌어 줄 수 있는 사람입니다.

1
약속의 땅을 두고 생겨난 갈등

가나안 땅에 가까이 이르자 하느님께서는 모세에게, 사람들을 보내 당신이 주는 가나안 땅을 정찰하라고 분부하셨습니다.

그 땅이 어떠한지 살펴보고, 그곳에 사는 백성이 강한지 약한지, 적은지 많은지, 그들이 사는 땅이 좋은지 나쁜지 …… 살펴보아라.(민수 13,18-20)

그리하여 이스라엘 각 지파의 대표들이 40일에 걸쳐 가나안 땅을 정찰하고 돌아왔습니다. 그들은 정찰하고 온 결과를 이렇게 보고하였습니다.

우리를 보내신 그 땅으로 가 보았습니다. 과연 젖과 꿀이 흐르는 곳이었습니다. …… 그러나 그 땅에 사는 백성은 힘세고, 성읍들은 거창한 성채로 되어 있습니다.(민수 13,27-28)

어떤가요? 하느님께서 약속하신 땅은 과연 좋았지만 그 곳에는 이미 힘센 백성들이 큰 성채를 이루고 살고 있다는 것이었습니다. 그들은 정찰한 내용을 그대로 보고한 것이지요. 그런데 이제 그 땅을 어떻게 할 것인가를 두고 이스라엘 백성들 대부분은 부정적이고 소극적인 의견으로 돌아섰습니다. 유다 지파의 칼렙은 “어서 올라가 그 땅을 차지합시다. 우리는 반드시 해낼 수 있습니다.”(민수 13,30) 하면서 긍정적으로 말한 반면, 함께 정찰하고 온 다른 사람들은 “우리는 그 백성에게로 쳐 올라가지 못합니다. 그들은 우리보다 강합니다.”(민수 13,31) 하면서 그 땅을 정복하는 것은 불가능하다고 부정적으로 말한 것이지요. 심지어 그들은 “우리가 가로지르며 정찰한 그 땅은 주민들을 삼켜 버리는 땅이다. 그리고 우리가 그 땅에서 본 백성은 모두 키 큰 사람뿐이다. …… 우리 눈에도 우리 자신이 메뚜기 같았지만, 그들의 눈에도 그랬을 것이다.”(민수 13,32-33) 하면서 온갖 과장으로 나쁜 소문을 퍼뜨리기까지 하였습니다. 이에 이스라엘 백성들은 하느님의 능력을 모두 잊어버리고 온갖 나쁜 소문만 따라다니면서, 모세와 아론에게 갖은 불만을 터트리는 등 반란을 일으킵니다.

온 공동체가 소리 높여 아우성쳤다. 백성이 밤새도록 통곡하였다. …… "우리가 차라리 이집트 땅에서 죽었더라면! …… 차라리 이집트로 돌아가는 것이 더 낫지 않겠나?" …… "우두머리를 하나 세워 이집트로 돌아가자."(민수 14,1-4)

정찰하고 돌아온 사람들은 서로 다른 의견을 제시했는데, 대부분의 사람은 생존의 위협 앞에서 희망적인 의견은 멀리한 반면, 불안을 조장하는 부정적인 의견에는 쉽게 동조하였습니다. 나아가 백성들은 종살이에서 놀라운 기적으로 자신들을 구하신 하느님의 능력을 망각하고, 차라리 종살이가 좋았다고 불평을 하였습니다. 죽음의 위험과 다가올 모험과 어려움 앞에서 자유를 누리는 사람보다 차라리 배부른 돼지가 낫겠다고 한 셈이지요.

희망에 찬 미래는 어떤 어려움과 시련 없이 다가오지 않습니다. 지금 나에게 닥치는 위험과 모험을 회피하고서 오직 편안함만을 찾을 때, 미래의 안정과 평화의 자유는 나를 지나쳐가고 말 것입니다. 지난 종살이에서 완전히 벗어나 새로운 삶을 살아갈 수 있도록 내가 져야 할 십자가에 최선을 다하도록 합시다!

2
하느님의 진노와 모세의 중재

이러한 백성들을 보면서 모세와 아론은 이스라엘 백성들 앞에 얼굴을 땅에 대고 엎드렸습니다. (이는 이스라엘 백성에게 내리게 될 하느님의 징벌을 생각하며 하느님께 자비를 간청하는 자세로 보입니다.) 그러자 칼렙이 옷을 찢으며 말했습니다.

우리가 가로지르며 정찰한 저 땅은 정말 무척이나 좋은 땅입니다. 우리가 주님 마음에 들기만 하면, 그분께서는 우리를 저 땅으로 데려가셔서 그곳을 우리에게 주실 것입니다. 그곳은 젖과 꿀이 흐르는 땅입니다. 다만 여러분은 주님을 거역하지만 마십시오. 그리고 여러분은 저 땅의 백성을 두려워하지 마십시오. 그들은 이제 우리의 밥입니다. 그들을 덮어 주던 그늘은 이미 걷혀 버렸습니다. 주님께서 우리와 함께 계십니다. 그들을 두려워하지 마십시오.(민수 14,7-9)

칼렙은 "주님께서 우리에게 친히 약속하신 복된 땅이 저 앞에 있고, 그분께서 우리와 함께 계시니 두려워할 필요가 없다.

주님을 거역하지 않고 그분의 마음에 들때 약속의 땅을 얻을 수 있으리라." 하느님의 예언자처럼 메시지를 전했지만 이스라엘 백성은 아랑곳하지 않고 모세와 아론에게까지 돌을 던져 그를 죽이자고 하였습니다. 이때 하느님께서 영광스럽게 모세에게 나타나셔서 경고하듯 말씀하셨습니다.

이 백성은 언제까지 나를 업신여길 것인가? 내가 그들 가운데에서 일으킨 그 모든 표징을 보고도, 이자들은 언제까지 나를 믿지 않을 것인가? 내가 이제 이들을 흑사병으로 치고 쫓아내 버린 다음, 너를 이들보다 더 크고 강한 민족으로 만들겠다.(민수 14,11-12)

하느님께서는 계속해서 반역을 하는 이스라엘 백성을 버리고 모세에게 더 크고 강한 새로운 민족을 만들겠다고 말씀하셨습니다. 그러나 모세는 이러한 하느님의 깊은 분노에도 불구하고 백성을 위해 하느님의 용서를 간절히 구하였습니다.

이제 당신께서 이 백성을 사람 하나 죽이듯 죽여 버리시면, 당신에 대한 소문을 들은 민족들은 이렇게 말할 것입니다. "주님은 저 백성에게 맹세한 땅으로 그들을 데리고 갈 능력이 없어서, 그들을 광야에서 몰살시켜 버렸다." 그러니 주님, 당신께서 말씀하신 대로, 제발 당신의 힘을 크게 펼치시기 바랍니다. …… 이집트에서 여기에 올 때까지 이 백성을 용서하셨듯이, 이제 당신의 그 크신 자애에 따라 이 백성의 죄악을 용서하여 주십시오.(민수 14,15-19)

모세는 백성들을 약속의 땅까지 이끄는 중재자로서 자신의 의무에 끝까지 최선을 다하였습니다. 하느님께서는 모세의 간청을 들으시고 백성의 잘못을 용서하셨습니다. 그러면서도 하느님께서는 계속 잘못을 범한 사람들은 당신께서 약속하신 땅을 보지 못하리라 하셨습니다.

너희가 저 땅을 정찰한 사십 일, 그 날수대로, 하루를 일 년으로 쳐서, 너희는 사십 년 동안 그 죗값을 져야 한다.(민수 14,34)

하느님께서는(공동체 전체에 대해) 용서를 베푸시더라도, (잘못을 범한 사람은) 그 잘못에 대해 보상해야 할 무언가가 있음을 밝히신 것입니다. 이는 모세가 일찍이 하느님께서 자신 앞을 지나가시며 선포하신 말씀(탈출 34,6-7)을 다시 반복하는 고백에서 잘 표현되어 있습니다.

주님은 분노에 더디고 자애가 충만하며 죄악과 악행을 용서한다. 그러나 벌하지 않은 채 내버려 두지 않고 조상들의 죄악을 아들을 거쳐 삼 대 사 대까지 벌한다.(민수 14,18)

민수기의 표현에 의하면, 이러한 주님의 벌은 하느님께서 당신을 외면해 버린 이를 더 이상 돌봐 주시지 않기 때문에 내려지는 것입니다.

너희는 칼에 맞아 쓰러질 것이다. 너희가 주님 뒤를 따르지 않고 돌아선 탓으로, 주님께서 너희와 함께 계시지 않기 때문이다.(민수 14,43)

주님의 뒤를 따르지 않고 돌아서는 백성에게는 주님께서 함께하시지 않으니 칼의 위협 앞에 안전할 수가 없습니다. 주님과 함께하면 승리와 축복과 구원이 있을 것이지만, 주님과 함께하지 않으면 패배와 벌과 파멸이 따른다는 말이지요.

모세는 자신의 영화를 탐하지 않고 백성의 잘못에 대해 하느님께 간절히 용서를 구하였습니다. 구약의 모세처럼 예수님께서도 십자가의 치욕과 수난을 마다하지 않고 중재자로서의 역할을 다하며 죽음 앞에서까지 충실하셨습니다. 아버지 하느님 앞에서 우리의 구원을 위해 힘쓰신 그분의 투신에 감사의 응답을 드립시다!
모세의 중재로 하느님께서 이스라엘 백성에게 내리려던 진노를 거두시고 용서를 베푸셨지만, 잘못을 범한 백성이 받아야 할 벌은 남아 있었습니다. 이는(앞에서 언급한) 보속과 잠벌에 대한 오늘날 교회의 교리를 상기시킵니다. 죄에 대해 용서를 받아도 남아있게 되는 '잠벌'暫罰을 갚아야 하는데, 그것이 '보속'補贖이라 했습니다. 그러면 어떻게 보속해야 하는 것일까요?

그리스도인은 갖가지 고통과 시련을 인내로이 견디고, 때가 되면 죽음을 차분한 마음으로 맞음으로써 죄의 잠벌들을 은총으로 받아들이도록 힘써야 한다. 그리스도인은 자비와 자선의 행위와 더불어 기도와 여러 속죄 행위로 '묵은 인간'을 완전히 벗어 버리고, '새로운 인간'으로 갈아입도록 힘써야 한다.(가톨릭교회 교리서, 1473항)

즉 우리가 삶에서 겪는 모든 어려움과 아픔을 잘 견디어 내는 것, 죽음을 잘 준비하고 맞는 것, 사랑하고 자선을 베푸는 것, 기도하는 것, 속죄하는 모든 행위가 잠벌을 갚는 보속이 됩니다. 내가 행하는 보속이 부족하면 어떻게 될까요? 고맙게도 우리 교회는 보속하는 신자를 도와주기 위해 은혜로운 수단을 가지고 있습니다. 이미 용서받은 죄 때문에 받아야 할 잠벌을 일정한 조건을 충족시킨 사람에게 하느님 앞에서 면제해 주는 '대사大赦의 은전恩典'이 그것이지요. 대사의 기회를 고맙게 받아들이십시오!

3
구리 뱀 이야기

민수기 21장의 이야기입니다. 하느님께서는 당신과 모세에게 또 다시 불평을 해대는 백성에게 불 뱀들을 보내시어 많은 사람이 죽게 되었습니다. 이에 이스라엘 백성들은 모세에게 다시금 간청하였습니다.

우리가 주님과 당신께 불평하여 죄를 지었습니다. 이 뱀을 우리에게서 치워 주시도록 주님께 기도해 주십시오.(민수 21,7)

그러자 백성을 위해 기도하는 모세에게 하느님께서 이렇게 말씀하셨습니다.

너는 불 뱀을 만들어 기둥 위에 달아 놓아라. 물린 자는 누구든지 그것을 보면 살게 될 것이다.(민수 21,8)

과연 뱀에게 물렸지만 모세가 매달아 놓은 구리 뱀을 쳐다본 사람은 살아났습니다. 하느님께서는 왜 뱀에게 물린 백성들에게 다시 뱀의 형상을 쳐다보라고 했을까요? 당시 사람들에게 뱀은 영생을 상징하는 존재였으니, 살기 위해 뱀을 쳐다본다는 것은 당위성을 갖춘 행위였다고 할 수 있습니다. 하지만 뱀이라면 쳐다보는 것부터 끔찍한 것이 사람의 일반적인 반응이지요. 뱀에게 물려 죽어가는 사람들에게 뱀처럼 생긴 것을 쳐다보라는 것은 어려운 일이 아닐 수 없습니다.

그럼에도 구리 뱀을 다시 쳐다보는 행위는, 그것을 쳐다보면 살 것이라는 하느님 말씀에 대한 믿음을 잘 드러내는 일입니다. 결국 구리 뱀 이야기는 하느님께서 당신의 권능에 대한 인간의 믿음을 보시고 구원을 베푸심을 암시하는 이야기가 아닐까요?

예수님이 지신 십자가는 죄인에게 내려진 극형의 상징이었습니다. 그러나 죽음을 이기고 부활하신 주 예수님으로 인해 십자가는 구원의 상징이 되었습니다. 믿음으로 자신의 십자가를 기꺼이 지는 사람에게 구원은 가까이 있을 것입니다. 우리를 사랑하시기에 십자가 위에 달리셨던 주님을 바라보며 구원을 향해 나아갑시다!

신명기

신명기

신명기라는 이름의 유래

총 34장으로 구성된 신명기는 이스라엘 백성이 이집트에서 탈출한 후에 펼쳐지는 이야기를 담고 있습니다. 모세가 40년에 걸쳐 광야에서 떠돌다 약속의 땅을 눈앞에 두고 운명할 때까지의 이야기가 그것이지요. 그중 12-26장은 법전의 규정들을 담고 있는데, 여기서 신명기의 이름이 유래합니다. 결정적인 구절은 "임금은 왕위에 오르면, 레위인 사제들 앞에서 이 율법의 사본을 책에 기록해야 한다. 그리고 그것을 자기 곁에 두고 평생토록 날마다 읽으면서, 주 자기 하느님을 경외하는 법을 배우고, 이 율법의 모든 말씀과 이 규정을 명심하여 실천해야 한다."(신명 17,18-19)는 부분입니다. 히브리 말 성경을 그리스 말로 번역할 때 이 말씀에 나오는 '율법의 사본'이라는 표현을 '듀테로노미온'deuteronomion, 곧 '두 번째 법'이라고 하였습니다. 그에 따라 우리나라도 '거듭 내리는 명령의 기록'이라는 뜻으로 '신명기'申命記라 칭하게 되었습니다.

신명기가 기록된 시기와 그 내용

신명기의 초본이 처음 기록된 시기는 적어도 기원전 7세기 전반으로 추정됩니다. 이는 열왕기 하권의 기록에 따른 것인데, 요시야 임금이 제위 18년(기원전 622년경) 예루살렘 성전에서 '율법서' 또는 '계약의 책'을 발견합니다. 요시야는 율법서에 언급된 경고에 따라 장엄하게 계약을 갱신하고 종교 개혁을 선포하게 됩니다.

신명기에서 설교하는 율법은 때로는 이스라엘 자손 개개인을, 때로는 이스라엘 백성 전체를 대상으로 하고 있습니다. 내용적으로 이스라엘 백성이(자신의 삶 안에서 이집트 탈출의 기억을 소중히 간직하면서) 주기적으로 계약을 갱신하는 전례를 거행해야 한다는 규정을 많이 담고 있습니다. 그래서 신명기는 하느님에 대한 신앙과 공동체 생활에 관한 지침을 수록한 중요한 '문서고'이자, 온 백성이 모여 율법의 선포를 듣고 그것을 실천하기로 다짐하는 계약 갱신의 전례에서 자주 봉독된 '전례서'라 할 것입니다.

"성경의 모든 증언 가운데에서 신명기는 신학적으로 성숙하고 균형 잡히고 살아 있는 윤리를 재발견하는 데에 더없이 중요한 기초를 제공해 준다."(한국천주교 주교회의, 《주석 성경 구약》, 439쪽) 신명기를 소개하는 이 문장은 오늘날 우리에게도 신명기가 왜 여전히 중요한지를 잘 설명해 주고 있습니다. 하느님께서 모세오경의 마지막 권인 신명기를 통해 하시려는 말씀을 살펴봅니다.

1
쉐마 이스라엘

이스라엘아, 들어라!
주 우리 하느님은 한 분이신 주님이시다.
너희는 마음을 다하고 목숨을 다하고 힘을 다하여
주 너희 하느님을 사랑해야 한다.(신명 6,4-5)

첫 구절에 나오는 "이스라엘아, 들어라!"는 말은 히브리 말로 "쉐마 이스라엘!"입니다. 이는 이스라엘 백성이 전례집회 때 사용하던 전통적인 선포 형식으로 보입니다. 유대인들에게는 옛부터 '쉐마 이스라엘'로 시작하는 여러 말씀들이 전해오고 있습니다. 그 말씀 가운데 특히 신명기 6장 4-5절의 이 말씀을 "쉐마"라고 부르며 참으로 중요하게 여겼고, 지금도 그러합니다. 그리스도교 신자에게 주님의 기도가 그러한 것처럼, 이 성경 말씀은 오랫동안 유대인들의 일상생활에서 큰 몫을 차지해 왔습니다. 유대인들은 살면서 기쁜 일이 있거나 슬픈 일이 닥치거나 중요한 일이 생길 때면 언제나 이 구절을 낭송해 왔다고 합니다. 유대인들이 이 구절을 중요하게 여기는 이유는 이어지는 다음 구절에서 찾아볼 수 있습니다.

오늘 내가 너희에게 명령하는 이 말을 마음에 새겨 두어라. 너희는 집에 앉아 있을 때나 길을 갈 때나, 누워 있을 때나 일어나 있을 때나, 이 말을 너희 자녀에게 거듭 들려주고 일러 주어라. 또한 이 말을 너희 손에 표징으로 묶고 이마에 표지로 붙여라. 그리고 너희 집 문설주와 대문에도 써 놓아라.(신명 6,6-9)

경건한 유대인들은 이 말씀(혹은 다른 말씀들)을 몸에 즐겨 지니고 다녔습니다. 특히 자신들이 중요하다고 여기는 하느님의 말씀을 작은 '성구함'聖句函 Tefillin이나 '가죽 상자'에 넣어 (이마와 왼쪽 손목에 띠로 묶어) 다니며 기도를 한 것이지요. 또한 그들은 (가톨릭 신자들이 십자가나 성인 메달을 매다는 것처럼) 집 문설주에 말씀을 기록한 양피지를 넣은 성구함메주자 Mezuzah을 걸어두기도 했고, 지나칠 때 입을 맞추곤 했습니다.

유대인들은 전통에 따라 이 말씀을 하루에 두 번씩 암송해야 했습니다. 부모들은 남자아이가 태어나 말하기 시작하면 이 말씀을 처음으로 가르쳐야 했고, 순교자들은 죽음을 앞둔

마지막 순간에 이 말씀을 암송했다고 합니다. 이는 유대인들이 제일 먼저 배우는 신앙고백이면서 죽음을 앞두고 마지막으로 암송하는 신앙고백이었던 것이지요.

"내 양식은 나를 보내신 분의 뜻을 실천하고, 그분의 일을 완수하는 것이다."(요한 4,34) 저의 사제서품 성경 구절입니다. 식사할 때마다 주님의 부르심을 생각하자며, "성실은 언제 어디서나 빛나는 값진 보석이다."라는 모토로 열심히 살고자 한 것이지요. 님들도 자신의 삶과 함께 동반할 성경 말씀을 적어도 하나를 택하여 사시면 좋겠습니다.

2
사랑의 계명

모세는 하느님께서 자신을 통해 내리신 십계명을 백성들에게 선포하고 하느님의 다음 말씀을 전하였습니다.

너희는, 주 너희 하느님께서 너희에게 명령하신 대로 그것들을 명심하여 실천해야 한다. 너희는 오른쪽으로도 왼쪽으로도 벗어나서는 안 된다. 너희는 주 너희 하느님께서 너희에게 명령하신 길을 따라 걸어야 한다. 그러면 너희가 차지할 땅에서 너희가 살 수 있을 뿐만 아니라, 잘되고 오래 살 것이다.(신명 5,32-33)

하느님의 명령대로 살고, 하느님의 명령을 명심하며 그것을 실천한다면 약속의 땅에서 오래도록 잘 살게 될 것이라는 말씀이지요.

모세는 "이는, 너희가 건너가 차지하게 될 땅에서 실천하도록 너희에게 가르치라고, 주 너희 하느님께서 명령하신 계명과 규정들과 법규들이다."(신명 6,1) 하면서 율법에 대한 순명의 정신을 강조하였습니다. 여기서 '순명'은 단순한 순종이 아니라, 하느님께 대한 사랑의 순종을 말합니다. 모세가 이어서 강조한 계명이 바로 다음(예수님께서도 율법을 요약하여 강조하신) 사랑의 계명이기 때문입니다. "너희는 마음을 다하고 목숨을 다하고 힘을 다하여 주 너희 하느님을 사랑해야 한다." 즉 하느님께서 명하시는 율법을 지키되 강제에 의한 것이 아니라 그분을 인격적으로 참으로 사랑하는 온 마음을 담아야 한다는 것입니다. 유대인들이 율법을 따르는 기본 자세는 한마디로 마음을 다해 하느님을 사랑하는 것이었습니다.

하느님께 대한 진정한 사랑의 정신으로 그분의 법을 따라야 합니다. "내가 율법이나 예언서들을 폐지하러 온 줄로 생각하지 마라. 폐지하러 온 것이 아니라 오히려 완성하러 왔다."(마태 5,17)고 하신 예수님께서는, 율법에서 가장 큰 계명이 무엇이냐는 율법 교사의 질문에 이렇게 대답하셨지요.

"네 마음을 다하고 네 목숨을 다하고 네 정신을 다하여 주 너의 하느님을 사랑해야 한다." 이것이 가장 크고 첫째가는 계명이다. 둘째도 이와 같다. "네 이웃을 너 자신처럼 사랑해야 한다."는 것이다. 온 율법과 예언서의 정신이 이 두 계명에 달려 있다.(마태

22,37-40)

오늘날 우리 그리스도인들이 따라야 할 기본 계명이 바로 사랑의 이중계명과 십계명입니다. 그리고 이 계명은 하느님을 마음을 다해 사랑하는 순명의 정신으로 따라야 합니다.

"하느님, 하느님과 이웃을 사랑하는 것이 모든 율법의 완성이라고 하셨으니 저희가 그 사랑의 정신으로 하느님의 계명을 지켜 영원한 생명에 이르게 하소서."(연중 25주간 본기도)

아멘.

3
계명의 준수 - 하느님의 축복

하느님의 계명이 있는 이유

뒷날, 너희 아들이 너희에게, "주 우리 하느님께서 부모님께 명령하신 법령과 규정과 법규들이 왜 있습니까?" 하고 물으면, 너희는 너희 아들에게 이렇게 말해 주어야 한다.(신명 6,20)

모세는 자신들과 하느님 사이에서 중재자의 역할을 해 주기를 요청하는 이스라엘 백성에게, 하느님께서 이집트 종살이에서 이스라엘 백성을 이끌어 내신 것은 '당신께서 우리 조상들에게 약속하신 땅을 우리에게 주시기 위해서'였음을 상기시키고 이렇게 당부하였습니다.

그런 다음에 우리가 늘 잘되고 오늘 이처럼 우리를 살게 해 주시려고, 주님께서는 이 모든 규정을 실천하고 주 우리 하느님을 경외하라고 우리에게 명령하셨다.(신명 6,24)

하느님께서 백성에게 계명을 주신 이유가 백성들이 잘 살게 하는 데 있다는 모세의 말은, 앞서 그가 하느님의 명령으로 받은 계명을 이스라엘 백성에게 설명하면서 강조한 말이기도 합니다.

이는, 너희가 건너가 차지하게 될 땅에서 실천하도록 너희에게 가르치라고, 주 너희 하느님께서 명령하신 계명과 규정들과 법규들이다. 그것은 너희와 너희 자손들이 평생토록 주 너희 하느님을 경외하고, 내가 너희에게 이르는 그분의 모든 규정과 계명을 지켜 오래 살게 하려는 것이다.(신명 6,1-2)

신명기는 이렇듯 하느님께서 이스라엘 조상들에게 명령하신 법령과 규정과 법규들, 곧 하느님의 계명이 있는 이유는 그 후손들이 늘 잘되고 잘 살도록 함에 있다고 가르치고 있습니다. 하느님의 계명은 일차적으로 인간이 실천하라고 있는 것이고, 하느님의 계명을 인간이 실천함은 하느님께 대한 경외로 이어져 의로운 삶을 살도록 한다는 것입니다.

혹시 하느님의 계명을 짐스럽다고 느끼고 있진 않으신지요? 천주교 신자가 안 되었다면 세상을 좀 더 편히 자유롭게 살 터인데, 신자가 되어서 무언가 손해를 보고 억압을 당하고 있는 게 아닌가. 혹시 이렇게 생각하는 님이 계시다면 계명에 대한 생각을 좀 바꿔보면 어떨까요? 하느님의 계명은 나를 구속하려는 것이 아니라, 내가 잘 되고 잘 살게 하도록 한다는 것이지요! 계명을 준수하는 일이 좀 더 쉽게 느껴지면 좋겠습니다.

하느님의 계명의 준수, 사랑과 선택

하느님의 율법을 지키는 기본 자세는 한마디로 하느님을 온 마음으로 사랑하는 일입니다. 모세는 백성들이 그렇게 하느님의 계명을 잘 들어 마음을 다하고 목숨을 다해 그분을 섬기면, (하느님의 축복으로) 자연으로부터 풍성한 수확을 얻게 되리라 했습니다.

내가 오늘 너희에게 명령하는 계명을 잘 들어, 주 너희 하느님을 사랑하고 마음을 다하고 목숨을 다하여 그분을 섬기면, 주님께서 너희 땅에 제때에 비를, 이른 비와 늦은 비를 내려 주시어, 너희가 곡식과 포도주와 기름을 거두게 해 주실 것이다.(신명 11,13-14)

인간이 하느님의 계명을 잘 지키는 자세는 하느님을 모든 것 위에 사랑하고 섬기는 것이고, 그러할 때 하느님의 축복이 따르게 된다는 것이지요. 모세는 이렇듯 하느님 계명의 준수는 축복으로 이어지지만 하느님의 계명을 소홀히 하고 배척하면 저주가 따를 것이니, 생명의 축복을 선택하라고 강조합니다.

보아라, 내가 오늘 너희 앞에 생명과 행복, 죽음과 불행을 내놓는다. 내가 오늘 너희에게 명령하는 주 너희 하느님을 사랑하며 그분의 길을 따라 걷고, 그분의 계명과 규정과 법규들을 지키면, 너희가 살고 번성할 것이다. …… 그러나 너희의 마음이 돌아서서 말을 듣지 않고, 유혹에 끌려 다른 신들에게 경배하고 그들을 섬기면, 내가 오늘 너희에게 분명히 일러두는데, 너희는 반드시 멸망하고 요르단을 건너 차지하러 들어가는 땅에서 오래 살지 못할 것이다. …… 너희와 너희 후손이 살려면 생명을 선택해야 한다. 또한 주 너희 하느님을 사랑하고 그분의 말씀을 들으며 그분께 매달려야 한다. 주님이 너희의 생명이시다.(신명 30,15-20)

이 주제와 관련하여 다음의 해설이 도움이 될 것 같아 소개해 드립니다.

신명기의 저자들은 진지하게 말씀을 듣고 실천해야 함을 강조한다. 법의 선포와 함께 법을 실천하는 사람들에게는 행복이 약속되고, 법을 어기는 사람들에게는 불행이 예고된다. 그것은 계약의 법이 백성 앞에 생명과 죽음의 문제를 내놓기 때문이다.(한국천주교 주교회의, 《주석 성경 구약》, 439쪽)

하느님의 말씀을 진지하게 듣고 실천하는 님들이 되시기를, 부디 행복하시고 영원한 생명의 길에 들어서시기를 기도합니다!

계명 준수의 결과, 의로움과 번영

신명기 6장이 전하는, 모세가 백성들에게 한 당부의 끝 말씀은 시사하는 바가 큽니다.

주 우리 하느님께서 명령하신 대로, 그분 앞에서 이 모든 계명을 명심하여 실천하면, 우리가 의로워질 것이다.(신명 6,25)

여기서 말하는 '의로움'은 무엇보다 '하느님 앞에서의 의로움', 즉 '하느님께서 의롭다고 인정해 주심'을 말합니다. 이해를 위해 신명기 24장의 '담보물에 관한 규정'을 참고할 필요가 있습니다. 가난한 이웃에게 무엇을 꾸어줄 때, 그가 자기 겉옷을 덮고 잘 수 있도록 해가 질 무렵에는 그 담보물을 반드시 돌려주어야 한다는 내용인데, 이렇게 끝맺고 있습니다.

그러면 그가 너희를 축복할 것이며, 너희는 주 너희 하느님 앞에서 의로워질 것이다.(신명 24,13)

이 표현처럼 인간이 하느님 앞에서 의로워진다는 것은, 인간이 하느님께서 보시기에 의로운 사람으로 인정받아 결과적으로 그분과 인격적인 만남을 이룸을 뜻합니다. 신명기의 가르침에 의하면, 인간이 하느님 앞에서 의로워지기 위해서는 먼저 그분의 계명을 명심하여 실천하는 자세가 필요합니다. 인간이 하느님 계명을 충실히 준수함으로써 하느님 앞에서 의로운 사람으로 인정받을 수 있기 때문입니다.

인간이 하느님의 계명을 지키고 의로운 사람이 되어 하느님을 만난다는 것은 우리가 열망하는 구원의 다른 표현이기도 합니다. 구원을 신학적으로 표현하는 용어가 '지복직관'至福直觀, 곧 인간이 하느님처럼 거룩하게 되어 하느님을 마주 뵈옵는 지극히 복된 상태라고 했습니다. 그렇다면 인간의 계명 준수가 구원의 상태인 '지복'至福으로 이어진다고 하겠지요. 하느님의 계명을 기쁘게 또 성실히 지켜 하느님을 만나는 행복한 구원에 이르게 되기를 소망합시다!

인간이 하느님의 계명을 준수함으로써 얻게 되는 또 다른 복은 인간의 번성입니다. 계명을 지키면 약속의 땅에서 융성한 후손들과 대대손손 번영을 누리게 된다는 것입니다.

너희가 이 법규들을 들어서 지키고 실천하면, 주 너희 하느님께서도 너희 조상들에게 맹세하신 계약과 자애를 너희에게 지켜 주실 것이다. 너희를 사랑하시고 너희에게 복을 내리시며 너희를 번성하게 하실 것이다. 또 너희에게 주시겠다고 너희 조상들에게 맹세하신 땅에서, 너희 몸의 소생들과 너희 땅의 열매 …… 들에게도 복을 내리시어 불어나게 해 주실 것이다.(신명 7,12-13)

그러므로 너희는 내가 오늘 너희에게 명령하는 모든 계명을 지켜야 한다. 그러면 너희가 강해져서, 너희가 건너가 차지하려는 땅에 들어가 그 땅을 차지할 것이다. 또한 너희는 주님께서 너희 조상들과 그 후손들에게 주시겠다고 맹세하신 땅, 젖과 꿀이 흐르는 땅에서 오래 살 것이다.(신명 11,8-9)

살면서 하느님의 축복을 기대하는 나라면, 먼저 그분의 말씀을 듣고 또 지키고자 힘써야 할 것입니다. 하느님의 말씀에 대한 관심 없이 축복을 기대하는 것은 그야말로 부질없는 꿈입니다!

4
이스라엘 백성의 광야 생활이 주는 교훈

광야의 시련, 그 이유

너희는 이 사십 년 동안 광야에서 주 너희 하느님께서 너희를 인도하신 모든 길을 기억하여라. 그것은 너희를 낮추시고, 너희가 당신의 계명을 지키는지 지키지 않는지 너희 마음속을 알아보시려고 너희를 시험하신 것이다.(신명 8,2)

모세에 의하면, 이스라엘 백성이 40년 동안 광야 생활을 해야만 했던 것은 하느님께서 그 백성이 당신의 계명을 지키는지 지키지 않는지를 시험해 보기 위해서였습니다. 그리고 그것은 결국 이스라엘 백성을 위한 하느님의 배려였습니다. 즉 하느님께서 이스라엘 백성을 (광야 생활을 통해) 하느님의 뜻에 순응하는, 겸손한 백성으로 만들어 번성하도록 이끄셨다는 것입니다.

너희는 마치 사람이 자기 아들을 단련시키듯, 주 너희 하느님께서 너희를 단련시키신다는 것을 마음 깊이 알아 두어야 한다.(신명 8,5)

이스라엘 백성에 대한 하느님의 배려와 이끄심은 하느님께서 그 백성을 단련하신 것으로 귀결됩니다. 무엇을 위한 단련이었을까요? 그들이 약속의 땅에서 편안하게 살게 될 때 마음이 교만해지거나, 유혹 앞에서 하느님의 은혜를 잊고 그분의 계명을 어기는 일이 없게 하려는 것이지요. 단련이나 시련 없이 편안한 삶이 지속되면 밀려오는 유혹 앞에서 무기력해지고 마는 우리들의 삶이 아닙니까? 여러 번에 걸쳐 "하느님을 잊지 않도록 하라!" "하느님께서 베푸신 일을 기억하라!"고 강조한 신명기의 호소를 잊지 맙시다!

내 곁에 있는 하느님의 말씀

내가 오늘 너희에게 명령하는 이 계명은 너희에게 힘든 것도 아니고 멀리 있는 것도 아니다. 그것은 하늘에 있지도 않다. …… 사실 그 말씀은 너희에게 아주 가까이 있다. 너희의 입과 너희의 마음에 있기 때문에, 너희가 그 말씀을 실천할 수 있는 것이다.(신명 30,11-14)

모세는 이스라엘 백성들에게 하느님의 계명을 들려주며, 그 계명은 우리 가까이 있는 말씀이어서 늘 잘 듣고 실천할 수 있다고 가르칩니다. 이는 앞서 6장에서 모세가 말한 "쉐마 이스라엘!"(이스라엘아, 들어라!)을 떠올리게 합니다. 하느님의 말씀을 잘 듣고 마음에 새겨 매사에 그 말씀을 잘 따라 살아야 한다는 것입니다. 암브로시오 성인은, 율법과 성경이 요구하는 바는 우리가 하느님의 말씀을 잘 듣는 것이라고 말합니다.

율법은 말합니다. "이스라엘아, 들어라! 주 너희 하느님은 …… " 성경은 "말하라"라고 하지 않고 "들어라"라고 합니다. 하와는 그녀의 주 하느님으로부터 듣지 않은 것을 남편에게 말했기 때문에 죄를 지었습니다. 하느님께서 여러분에게 하시는 첫 번째 말씀은, "들어라" 입니다.(암브로시우스, 《성직자의 의무》 1,2,7: 《교부들의 성경 주해》, 구약 성경 III, 436)

하느님의 축복은
인간이 의롭다는 이유만으로 베풀어지지 않는다!

주 너희 하느님께서 그들을 너희 앞에서 몰아내실 때, 너희는 마음속으로 "우리가 의롭기 때문에 주님께서 우리를 데려오시어 이 땅을 차지하게 하셨다." 하고 생각해서는 안 된다.(신명 9,4)

모세는 이스라엘 백성들에게 염려의 마음을 담아 의미심장한 말로 당부하였습니다. 그것은 하느님께서 이스라엘 백성을 이집트 종살이에서 구해 내시고 약속의 땅을 차지하게 하신 것을 두고, '우리가 (이렇게 잘 사는 것은) 이집트 백성보다 악을 덜 행하고 의롭게 살았기 때문에'라는 식으로 생각해서는 안 된다는 것입니다. 그런 생각을 드러내지 않고 마음속으로나마 생각하는 것도 안 된다고 합니다. 정녕 이스라엘은 목이 뻣뻣한 백성이어서 그런 생각을 조금이라도 하면 더 잘못될 것이 분명하니, 아예 그런 생각일랑 조금도 말고 항상 겸손한 자세로 사는 게 낫다는 것이지요.

주님께서 저 민족들을 너희 앞에서 쫓아내시려는 것은 그들이 악하기 때문이다. 너희가 그들의 땅을 차지하러 들어가는 것은, 너희가 의롭거나 마음이 올곧아서가 아니다. 다만 저 민족들이 악하기 때문에 주 너희 하느님께서 그들을 너희 앞에서 쫓아내시려는 것이다. 그리하여 주님께서 너희 조상 아브라함과 이사악과 야곱에게 맹세하신 약속을 이루시려는 것이다. 그러므로 너희는 주 너희 하느님께서 저 좋은 땅을 차지하라고 너희에게 주시는 것은, 너희가 의롭기 때문이 아니라는 것을 알아야 한다.(신명 9,4-6)

이어지는 모세의 말씀을 통해 하느님의 축복이 이스라엘의 의로움 때문에 자동으로 주어지는 것이 아님이 명확해집니다. 즉 하느님 축복의 이유는 이스라엘의 의로움이 아니라 어디까지나 그분의 호의이며, 그러한 호의의 배경에는 다른 민족들의 악함과 그에 대한 하느님의 심판이 있었다는 것입니다. 하느님께서 이스라엘을 위해 아무 죄 없는 다른 민족들을 부당하게 다루신 게 아닙니다. 그분께서는 어디까지나 당신이 할 일을 정의롭게 하신 것이고, 이스라엘에게는 하느님의 일이 축복이 된 것이지요.

그러면 의롭게 사는 것은 어떠한 삶을 말하는 것일까요? "주 우리 하느님께서 명령하신 대로, 그분 앞에서 이 모든 계명을 명심하며 실천하면, 우리가 의로워질 것이다."(신명 6,25)라는 말씀에 이런 해설이 달려있네요.

인간의 의로움은 하느님의 뜻에 순응하고 이웃에게 형제애를 베푸는 것으로 이루어진다. 이러한 자세로 인간은 하느님의 부르심에 응답하는 것이며, 하느님께서 그것을 인정하시고 그를 당신의 친구로 받아들이시는 것이다.(한국천주교 주교회의, 《주석 성경 구약》, 457쪽)

하느님의 뜻을 따라 살며 이웃에게 사랑을 실천하는 것이 바로 의로운 삶이라는 말입니다.
"내가 의롭게 살면 하느님의 축복이 있을 거야." 이는 우리가 흔히 하는 생각이고, 그 자체로 잘못된 생각이라 할 수 없습니다. 그러나 "내가 지금 이렇게 하느님의 축복을 받으며 살고 있는 것은 내가 의롭기 때문이야."라는 생각은 위험한 생각이 아닐 수 없습니다. 자칫하면 하느님의 은총에 대해 감사하는 삶을 살기보다, 나 자신이 하느님의 은총도 마음대로 할 수 있다는 영적인 교만에 빠질 수 있고, 급기야 대충대충 살아도 된다는 안일한 생각에 빠질 수 있기 때문이지요. "하느님의 은총이 없으면 나는 언제든 잘못될 수 있다."는 생각으로 하느님의 인도하심에 자신을 맡겨 드리고, 하루하루 감사하면서, 그분의 말씀과 뜻을 따르려고 최선을 다하며 살아야 하겠습니다!

모세가 바친 중재 기도의 능력

너희는 광야에서 주 너희 하느님의 분노를 일으킨 일을 기억하여 잊지 마라. 너희가 이집트 땅에서 나와 이곳에 이를 때까지, 너희는 줄곧 주님을 거역해 왔다. 호렙에서 너희가 주님의 분노를 일으켰으므로, 주님께서는 너희에게 진노하시어 너희를 멸망시키려 하셨다.(신명 9,7-8)

모세는 계속해서 하느님을 거역한 이스라엘 백성에게 하느님의 진노로 멸망의 위험이 닥쳤을 때의 일을 상기시키며, 그분의 분노를 잊지 말라고 거듭 당부합니다. 그러면서 자신이 백성을 위하여 기도하고 하느님의 진노를 풀어드리기 위해 얼마나 애썼는가를 덧붙입니다.

그런 다음에 (즉 송아지 우상을 만들어 하느님께 죄를 짓는 이스라엘 백성 앞에서 계약판을 깨뜨려 버린 후에) 나는 전과 같이, 주님 앞에서 밤낮으로 사십 일을 엎드려 있었다. 너희가 주님의 눈에 거슬리는 악한 짓을 저질러 그분의 분노를 돋우며 지은 그 온갖 죄 때문에, 나는 빵도 먹지 않고 물도 마시지 않았다. 그것은 주님께서 너희를 멸망시키려고 너희에게 품으신 분노와 열화를 내가 두려워하였기 때문이다.(신명 9,18-19)

또 주님께서 아론에게도 몹시 화를 내시어 그를 멸망시키려 하셨으므로, 나는 그때에 아론을 위해서도 기도하였다.(신명 9,20)

주님께서 너희를 멸망시키겠다고 하셨기 때문에, 나는 밤낮으로 사십 일을 주님 앞에 엎드려 있었다.(신명9,25)

모세의 노력이 놀랍고, 이를 보시고 응답하신 하느님의 용서 또한 감동적이지 않습니까? 하느님께서는 모세의 중재 기도를 어여삐 보시고 당신께 거역한 이스라엘 백성을 멸망시키지 않으셨지요. 그분께서는 백성을 위해 기도하고 단식하는 모세의 마음에 화답하여 당신의 분노를 다 쏟아내지 않고 멈추셨고, 그 백성을 정화하여 이끄셨으며, 마침내 때가 되어 약속의 땅으로 들어가게 하신 것입니다.

나에 대하여, 혹은 다른 누군가에 대하여 하느님의 진노가 내리실까 염려되십니까? 그러할 때 나 자신 혹은 다른 누군가가 기도하고 단식한다면 어떨까요? 모세의 간청을 들으신 하느님께서 우리들의 간청도 들어주지 않으시겠습니까!
"그러나 주님께서는 이번에도 나의 간청을 들어 주셨다."(신명 9,19) 모세의 이 말씀이 우리의 고백이 될 수 있기를 소망합니다.

5
하느님의 바람과 축복

하느님의 요구

내가 산 위에서 먼젓번처럼 밤낮으로 사십 일을 머물렀는데, 주님께서는 이번에도 나의 간청을 들어 주셨다. 주님께서는 너희를 멸망시키지 않기로 하신 것이다.(신명 10,10)

모세는 자신의 기도와 단식에 응답하신 하느님의 호의에 감사를 드리며, "이제 이스라엘아, 주 너희 하느님께서 너희에게 요구하시는 것이 무엇이겠느냐?"고 백성에게 묻고 그 답을 일러줍니다.

그것은 주 너희 하느님을 경외하고, 그분의 모든 길을 따라 걸으며 그분을 사랑하고, 마음을 다하고 목숨을 다하여 주 너희 하느님을 섬기는 것, 그리고 너희가 잘되도록 오늘 내가 너희에게 명령하는 주님의 계명과 규정들을 지키는 것이다.(신명 10,12-13)

모세는 앞서 신명기 6장에서 언급하였던, 이스라엘 백성에게 가장 중요한 "하느님을 모든 것 위에 사랑해야 한다."는 계명을 다시 선포하고, 덧붙여 그분의 계명과 규정들을 지켜야 함을 강조합니다. 백성에 대한 하느님의 요구란 당신을 '진심으로 사랑하고 섬기는 것'이요, 당신의 '계명과 규정들을 지키는 것'인데, 이는 (하느님 자신을 위해서가 아니라) 백성이 잘 되도록 하려는 데 있다는 것입니다.

하느님께서 나에게 바라시는 게 무엇인지 궁금한가요? 그것은 내가 온 마음으로 하느님을 사랑하고 섬기는 것, 그리고 하느님의 계명과 규정들을 지키는 것입니다. 하느님께서는 내가 잘 되도록 하려고 그 모든 것을 나에게 요구하고 계신 것입니다! 하느님께 대한 나의 신앙과 그 실천이 때로 짐스럽게 느껴질 때, 나에 대한 하느님의 요구와 바람은 과연 무엇일까 곰곰이 생각해 보면 좋겠습니다.

하느님의 특별한 사랑

보라, 하늘과 하늘 위의 하늘, 그리고 땅과 그 안에 있는 모든 것이 주 너희 하느님의 것이다. 그런데도 주님께서는 너희 조상들에게만 마음을 주시어 그들을 사랑하셨으며, 오늘 이처럼 모든 백성 가운데에서도 그들의 자손들인 너희만을 선택하셨다.(신명 10,14-15)

모세는 무엇 하나 부족함이 없으신 하느님께서 이스라엘 백성만을 사랑하시고 그 후손까지 선택하셨다고 하면서, 그 백성이 하느님의 특별한 사랑을 받았음을 강조합니다. 하느님께서 종살이하던 이스라엘 백성을 이집트에서 구해 내셨고, 죽음의 홍해바다를 건너게 하셨으며, 구름기둥과 불기둥으로 이끌고, 만나와 메추라기로 먹이시며, 광야에서 약속의 땅으로 이끌어 가셨다는 것입니다.

특별히 "너희 조상들에게만 마음을 주시어 사랑하셨다."는 표현이 감동적으로 들립니다. 모세는 하느님의 특별한 사랑을 받은 백성들에게 "그러므로 너희 마음에 할례를 행하고, 더 이상 목을 뻣뻣하게 하지 마라."(신명 10,16)고 일러 주었습니다. 이는 오늘을 사는 내가 새겨들어야 할 말씀이기도 합니다. "너의 마음에 할례를 행하라!", 즉 나의 마음 안에 잘못된 것을 도려내고 새 마음으로 하느님을 사랑하며 또 겸손한 자세로 하느님을 섬겨야 한다는 것입니다.

축복과 저주, 선택과 집중

보아라, 내가 오늘 너희 앞에 축복과 저주를 내놓는다. 내가 오늘 너희에게 명령하는 주 너희 하느님의 계명들을 너희가 듣고 따르면 복이 내릴 것이다. 그러나 너희가 주 너희 하느님의 계명들을 듣지 않고, 내가 오늘 너희에게 명령하는 길에서 벗어나, 너희가 알지도 못하는 다른 신들을 따라가면 저주가 내릴 것이다.(신명 11,26-28)

모세가 이스라엘 백성에게 한 말씀을 정리해 봅니다. "너희가 하느님께 특별히 선택되고 사랑을 받았으니 그분을 사랑하고 그분의 계명을 지켜야 한다! 너희가 자신 앞에 놓인 축복과 저주 중에 축복의 길을 택하여 하느님의 계명을 지킨다면 그분이 베푸시는 복을 받게 될 것이다!" 모세는 백성들에게 "축복과 저주 중에 축복을 선택하고 계명에 집중해야 한다."고,

“하느님께로부터 축복을 바라지만 그분의 계명을 지키지 않으면 저주가 내린다!”고 말한 것이지요.

모세의 이 말은 마치 지금의 우리에게 하는 듯합니다. “너희가 아무리 축복을 선택해도 그 축복을 받기 위한 계명을 소홀히 하면 소용이 없다!” 축복을 선택한다면 그에 맞갖은 노력을 기울여야 한다는 것이지요. 내가 축복 속에 있더라도, 계명을 지키는 삶에 집중하지 않은 채 그 축복이 늘 나와 함께하기를 기대한다면, 과연 어떻게 될까요? 축복 속에 살아가며 계명을 준수하는 일에 집중하여 ‘내가 누리고 있는 그 축복을 계속 지켜내는’ 님들이시기를 소망합니다.

모세는 축복과 저주와 관련한 이야기를 계속 이어갑니다.

주 너희 하느님께서 너희가 차지하러 들어가려는 땅으로 너희를 데려가시면, 그리짐 산 위에서는 축복을, 에발 산 위에서는 저주를 선언해야 한다.(신명 11,29)

무슨 뜻일까요? 여기서 ‘그리짐 산’과 ‘에발 산’은 이스라엘 열두 지파 연맹의 중심지 역할을 했던 '스켐' 양쪽에 우뚝 솟아 있는 산들을 가리킵니다.(이스라엘 지도를 보면 갈릴래아 호수와 사해 중앙쪽에 스켐이 있고, 스켐 바로 위에 에발 산, 바로 아래에 그리짐 산이 있습니다.)

이해를 돕기 위해 여호수아기 8장 30-35절을 참고할 필요가 있습니다. 여호수아는 하느님을 위하여 에발 산에 제단을 쌓고 번제물을 올리고 친교제물을 바칩니다. 그리고 온 이스라엘의 절반은 그리짐 산 앞에, 나머지 절반은 에발 산 앞에 각각 서게 한 다음 축복을 하고, "여호수아는 율법서에 쓰인 대로, 율법의 모든 말씀을, 축복과 저주를 읽어 주었다."(여호 8,34)는 내용입니다.

그리짐 산과 에발 산은 히브리인이(동쪽을 중심으로) 방위를 정할 때 오른편과 왼편을 가리키는 산들이었는데, 그리짐 산은 후에 사마리아인들의 예배 장소로 이용되었습니다. 히브리인들에게 오른편은 행복의 방위를 상징하기 때문입니다. 반면에 왼편은 불행의 방위를 상징합니다. 예수님께서 최후의 심판에 관한 비유를 들려주시며 목자가 양과 염소를 가르듯, 양들 곧 아버지께 복을 받은 이들은 자기 오른쪽에, 염소들 곧 저주받은 자들은 왼쪽에 세울 것이라고 하신 말씀을 생각해

보면 이해가 쉽겠네요.(마태 25,31-45 참조)

우리 앞에는 두 가지의 길이 펼쳐져 있습니다. 첫 번째 길은 지켜야 할 하느님의 계명들이 줄지어 서있어 왠지 불편해 보이는 반면, 두 번째 길은 계명의 구속 대신 자유로움이 즐비해 편한 길처럼 보입니다. 성경의 말씀에 의하면, 첫 번째 길에서 계명들을 성실히 지키는 사람에게는 하느님의 복이 내리지만, 두 번째 길을 편히 가면서 하느님을 저버리고 방종하게 사는 사람에게는 저주가 내릴 것이라고 합니다. 님은 어느 길을 따라 가시렵니까?

6
자애로우신 하느님의 시험과 교육 - 유혹

속없으신 하느님?

이스라엘 백성은 하느님께서 명령하신 길에서 빨리도 벗어나 우상을 섬기는 죄를 범하였습니다. 그때마다 모세는 그들을 위하여 하느님께 기도하였습니다.

주 하느님, 당신의 그 큰 능력으로 구해 내시고, 강한 손으로 이집트에서 이끌어 내오신, 당신의 소유, 이 백성을 파멸시키지 말아 주십시오. …… 그들은 당신께서 당신의 큰 힘과 당신의 뻗은 팔로 이끌어 내오신 당신 백성, 당신의 소유입니다.(신명 9,26-29)

모세의 중재 기도를 들으신 하느님께서는 이스라엘 백성에게 내리려던 분노를 거두셨습니다. 모세는 이 사실을 이스라엘 백성에게 알린 후 하느님의 말씀과 하신 일을 전합니다.

그때에 주님께서 나에게 말씀하셨다. "너는 먼젓번과 같은 돌 판 두 개를 깎아서, 산으로 나에게 올라오너라." …… 그러자 주님께서는, 당신께서 집회의 날에 그 산의 불 속에서 너희에게 이르신 십계명을, 먼젓번에 쓰셨던 것처럼 그 판 위에 쓰셔서 나에게 주셨다.(신명 10,1-4)

모세가 이스라엘 백성이 금송아지를 만들어 숭배하는 것을 보고 분노하여 깨버린 십계명 판을 하느님께서 다시 주셨다는 것이지요. 하느님께서는 당신이 선택하신 백성들을 위하여 이전에 이미 하셨던 일을 또 하신 것입니다.

이스라엘 백성이 잘못을 반복할 것을 아시면서도 하느님은 또 호의를 베푸십니다. 이런 하느님을 보면서 "하느님은 참 속도 없으시구나." 하는 생각이 듭니다. 여러분은 속없는 사람입니까, 아니면 한 성격하는 사람입니까? 혹 누군가가 저지른 작은 잘못, 그것도 겨우 한 번 겪게 된 잘못에도 "어떻게 나에게 그럴 수가 있어?" 하면서, 그렇게 한 사람의 마음과는 무관하게 완전한 결별을 잘도 선언하고 마는 나는 아닙니까? 속없는 하느님께서는 의노義怒도 내리시지만 뉘우치는 마음을 헤아려 용서도 잘 베푸는 분이십니다. 하느님의 속없음을 배웁시다! 나에게 잘못한 이를 용서하기 힘들 때, 모세의 간청에 이은 다음의 고백을 나의 기도로 삼게 되기를 소망합니다.

내가 산 위에서 먼젓번처럼 밤낮으로 사십 일을 머물렀는데, 주님께서는 이번에도 나의 간청을 들어 주셨다. 주님께서는 너희를 멸망시키지 않기로 하신 것이다.(신명 10,10)

하느님의 시험으로서의 유혹?

너희 가운데에서 예언자나 환몽가가 나타나 너희에게 표징이나 기적을 예고하고, 그가 말한 표징이나 기적이 일어나더라도, 너희가 알지 못하는 "다른 신들을 따라가 그들을 섬기자." 하고 그가 말하거든, 너희는 그 예언자나 환몽가의 말을 들어서는 안 된다.(신명 13,2-4)

구약 성경을 보면 참 예언자 뿐 아니라 거짓 예언자가 등장하여 가끔 놀라운 표징이나 기적을 일으키는 경우들을 봅니다. 모세는 그 경우에도 그들이 하는 말에 만일 잘못이 있다면, 그런 말들을 들어서는 안 된다고 일러둡니다. 즉 예언자가 일으키는 표징이나 기적보다 더 중요한 것이 바로 예언자가 전하는 메시지이니, 그 메시지의 내용을 보고 그대로 따를 것인지 말 것인지를 결정해야 한다는 것이지요.

모세는 이렇게 이스라엘 백성에게 "다른 신들을 따라가 그들을 섬기자."라고 유혹하는 거짓 예언자들에게 절대 넘어가서 안 된다고 경고하면서, 그러한 유혹이 있는 이유를 하느님께서 당신 백성을 '시험하기 위해서'라고 합니다.

그것은 주 너희 하느님께서, 너희가 마음을 다하고 목숨을 다하여 주 너희 하느님을 사랑하는지 알아보시려고 너희를 시험하시는 것이다. 너희는 주 너희 하느님을 따르고 그분을 경외해야 한다. 그분의 계명을 지키고 그분의 말씀을 들으며, 그분을 섬기고 그분께 매달려야 한다.(신명 13,4.5)

거짓 예언자들에게서 비롯된 유혹은, 하느님께서 이스라엘 백성이 당신을 모든 것 위에 사랑하고 섬기는지 알아보고자 시험하기 위해 의도적으로 만드신 것이 아닙니다. 그러한 유혹을 만든 이는 어디까지나 거짓 예언자들 자신이지요. 하지만 하느님께서는 이스라엘 백성을 다른 길로 이끄는 그러한 유혹의 행위를 이스라엘 백성의 사랑과 충실성을 시험하기 위한 도구로 이용하신다는 것입니다.

우리 삶의 여정에서 하느님 아닌 다른 무엇이 나에게 더 매력적으로 다가오는 순간도 있겠습니다. "다른 신들을 따라가 그들을 섬기자."라는 유혹에 하느님을 향한 신앙이 흔들릴 수도 있습니다. 그럴 때 유혹은 하느님께서 하시는 시험과 관련이 있다는 모세의 말을 생각해 보면 어떨까요? 유혹에 직면해 있는 가련한 나 자신을(나를 시험하시는) 하느님께서 지켜보고 계시다고 생각하면 힘이 되지 않을까요? 하느님께서 나를 직접적으로 유혹의 길로 이끄실 리 없지만, "하느님께서는 당신을 진심으로 사랑하고 공경하는 지를 알아보기 위해서 나에게 유혹을 허락하신다."라고 생각한다면 하느님의 현존 앞에 유혹에서 벗어날 힘을 얻을 수 있을 것입니다.

이어서 모세는 이스라엘 백성 각자에게 말하기를, "다른 신들을 섬기러 가자."라고 유혹하는 사람에게는 조금의 자비도 베풀지 말고 죽여야 한다고 단호하게 이릅니다.

너희의 동복형제나 너희의 아들이나 딸이나 너희 품의 아내나 너희 목숨과도 같은 친구가 은근히 너희를 꾀면서, 너희도 너희 조상들도 알지 못하던 "다른 신들을 섬기러 가자." 하는 경우가 있을 것이다. …… 그런 경우에 너희는 그의 말을 받아들이지도 듣지도 말아야 한다. 그를 동정하지도 불쌍히 여기지도 말며 그를 감싸 주지도 말아야 한다. 너희는 오히려 그를 반드시 죽여야 한다.(신명 13,7-10)

이토록 엄격하게 이르는 이유는 이러합니다. "그는 이집트 땅, 종살이 하던 집에서 너희를 이끌어 내신 주 너희 하느님에게서 너희를 떼어 내려고 하였기 때문이다."(신명 13,11) 즉 다른 신들을 섬기자고 나를 유혹하는 자는 생명을 주시는 하느님에게서 나를 떼어 내려는 것과 같으며, 이런 끔찍한 일을 벌이는 자라면 나의 목숨처럼 사랑하는 친구일지라도 끊어내야 한다는 말이지요.

성당에서 가까이 지내던 사람들이 성당을 쉬고 있다거나, 내가 성당 나가는 걸 남편 혹은 아내가 싫어한다거나, 자식 눈치가 보여 성당 나가기 힘들다거나, 친하게 지내는 친구가 다른 종교를 갖고 있다거나 하는 이유로 자신도 기꺼이(?) 냉담의 길로 들어서는 사람들이 있습니다. 나를 위한다는 이유로 다른 믿음의 길로 유혹하는 친구가 있을 수도 있습니다. 그러하다면 모세가 한 말을 한번 생각해 볼 일입니다. 물론 그를 죽이는 잘못을 범해서는 결코 안 될 일이고 그럴 수도 없는 일이지만, "그의 말을 받아들이지도 듣지도 말아야" 할 정도로 그를 경계하고 멀리하기를 힘써야 하겠습니다!

7
십일조의 목적

너희는 해마다 밭에서 나는 모든 소출의 십분의 일을 떼어 놓아야 한다. 너희는 주 너희 하느님께서 당신의 이름을 머무르게 하시려고 선택하시는 곳에서, 너희의 곡식과 포도주와 기름의 십분의 일을, 그리고 너희의 소와 양의 맏배를 그분 앞에서 먹어야 한다.(신명 14,22-23)

십일조는 고대 중근동 여러 나라와 그리스에서도 지켰던 풍습으로서, 신神에 대한 감사의 표시로 농작물이나 짐승 등의 수확물을 바치는 것이었습니다. 후에는 신전神殿에 내는 세공歲貢이나 세금稅金의 형태로 바뀌었다고 합니다. 이스라엘의 경우, 이스라엘 백성이 경작하고 있는 땅의 원래 주인이 하느님이시니, 하느님께 일부를 내어 놓은 것은 당연한 도리였습니다. 모세가 신명기에서 선포한 십일조十一條 규정에 의하면, 길이 멀어 십일조를 중앙성소中央聖所로 가져갈 수 없는 경우에는 그것을 돈으로 바꾸어 내야 했습니다. 그러면서 세 번째 되는 해에는 십일조를, 곧 그해에 난 소출의 십분의 일을 성안에 저장해 두었다가 따로 재산을 상속받지 못한 레위인들을 비롯하여 어렵게 사는 사람들에게 나누어줘야 했지요. 여기에 덧붙여 모세가 한 말입니다.

그러면 너희 성안에서, 너희와 함께 받을 몫도 상속재산도 없는 레위인과 이방인과 고아와 과부가 와서 배불리 먹게 될 것이다. 그러면 주 너희 하느님께서는 너희가 하는 모든 일에 복을 내리실 것이다. (신명 14,29)

십일조 규정은 레위인을 비롯한 어려운 사람들을 돕기 위해 있었던 것입니다. 이와 함께 십일조를 지켜야 하는 중요한 이유가 신명기 14장 23절에 언급되어 있습니다. "그러면 너희가 언제나 주 너희 하느님을 경외하는 법을 배울 수 있을 것이다." 즉 십일조는 백성들에게 '하느님을 경외하는 법'을 가르치기 위해 제정된 규정이라는 것을 알 수 있습니다.

십일조는 이스라엘 백성으로 하여금 열두 지파 중에 땅을 상속받지 못한(하느님 예배에 종사하는) 레위지파 사람들과 어려운 이들을 돕기 위한, 그리고 무엇보다 하느님을 경외하는 법을 익히게 하려던 규정이었습니다. 많은 개신교회가 십일조를 교회를 위한 헌금의 기준으로 제시하고 있고, 가끔 가톨릭 사제들까지 십일조를 강조하고 요구하는 경우를 봅니다. 그러나 십일조의 규정을 오늘날 교회에 그대로 적용하는 것이 과연 논리적으로 합당한가 라는 의문이 듭니다. 십일조는 자칫 교회를 배불리기 위한 것이나, 목사나 신부의 성취욕을 채우기 위한 것으로 여겨질 우려가 있는 것입니다. 십일조란 무엇보다 하느님을 경외하는 법을 가르치고 또 가난한 이를 돕기 위해 있다는 것을 잊지 맙시다!

8
하느님 백성이 치러야 할 전쟁

전쟁에 나서는 하느님 백성의 자세

신명기에서 이스라엘 백성이 지켜야 할 '전쟁에 관한 법'은 다음과 같은 말로 시작됩니다.

너희가 적과 싸우러 나가서, 기마와 병거와 너희보다 수가 더 많은 군대를 보더라도, 그들을 두려워해서는 안 된다.(신명 20,1)

어떻게 자신보다 더 많은 수의 군대를, 그것도 기마와 병거까지 갖춘 엄청난 규모의 군대를 보고 두려워하지 않을 수가 있겠습니까! 하지만 그러하더라도 두려워할 필요가 전혀 없다는 신명기의 말씀입니다. 왜냐하면 이스라엘 백성을 이집트 땅에서 데리고 올라오신 주 하느님께서는 전쟁 가운데서 그들을 버려두지 않고 함께하실 것이니까요. 모세의 말에 의하면, 전쟁에 직면했을 때 사제는 백성에게 이렇게 말해야 합니다.

이스라엘아, 들어라. 너희가 오늘 적과 싸울 때가 다가왔다. 너희 마음을 약하게 가지지 말고 두려워하지 마라. 당황하지도 말고 그들 앞에서 떨지도 마라. 주 너희 하느님은 너희를 위하여 적들과 싸우시러 너희와 함께 나아가셔서, 너희를 구원해 주시는 분이시다. (신명 20,3-4)

하느님께서 우리와 함께 나가 싸우실 것이니 걱정할 필요가 없다는 것입니다. 이어 모세는 군관들에게 이렇게 말해야 한다고 이릅니다. "혹시 너희 가운데 새 집을 짓고서 아직 봉헌하지 못한 사람, 포도밭을 가꾸어 놓고서 아직 그 열매를 맛보지 못한 사람, 여자와 약혼하고서 아직 그 여자를 맞아들이지 못한 사람이 있으면 그런 사람은 집으로 돌아가라."(신명 20,5-7 참조) (신명 24,5에는 이와 관련한 '갓 혼인한 남자에 관한 규정'이 있습니다. "어떤 남자가 신부를 맞이하였을 경우, 그를 군대에 보내서는 안 되고, 그에게 어떤 의무를 지워서도 안 된다. 그는 한 해 동안 자유롭게 집에 있으면서 새로 맞은 아내를 기쁘게 해 주어야 한다.") 새로운 일을 시작했지만 아직 마무리를 못한 사람이 전쟁에 나가 죽게 되면 너무나 안타까운 일이니, 그런 사람까지 싸우러 나가게 해서는 안 된다는 것입니다. 이런 조치의 배경에는 '병사들에 대한 배려'와 함께 그들을 '제대로 뽑아야 한다는 것', 그리고 병사의 숫자보다 '하느님께 대한 신뢰'가 중요하다는 생각이 깔려있는 듯합니다. 모세는 군관들에게 이런 말도 덧붙입니다.

군관들은 백성에게 다시 이렇게 말해야 한다. "겁이 많고 마음이 약한 사람이 있느냐? 그런 사람은 집으로 돌아가라. 그런 자가 형제들의 마음을 제 마음처럼 녹아내리게 하는 일이 있어서는 안 된다."(신명 20,8)

겁이 많고 마음이 약한 사람은 전쟁에 나섰을 때 다른 형제들의 마음까지 약하게 할 수 있으니, 그런 사람은 그만 집으로 돌아가라는 것입니다. 곧 그런 사람들은 하느님께 대한 형제들의 믿음을 약하게 하고 그들의 사기를 떨어뜨릴 위험이 있으니 차라리 전쟁에 나아가지 않는 게 낫다는 것이지요. 모세가 한 이 모든 언급들을 종합하면, 이스라엘 백성이 치러야 할 전쟁은 결코 인간적인 계산이나 힘으로써가 아니라 오직 하느님께 대한 믿음으로 치러야 할 신적인 업적의 성격을 지닙니다. 하느님께서 당신의 백성을 대신하여 싸우실 것이니, 백성들에게는 처음부터 끝까지 그분을 따르는 '신뢰와 용기'가 중요하다는 것이지요.

하느님께서 주시는 승리의 원칙

역대기 하권 20장에는 모압과 암몬 사람들이 쳐들어 왔을 때 유다 임금 여호사팟이 온 유다에 단식을 선포하고 하느님께 이렇게 고백합니다.

당신의 손에 힘과 권능이 있기에 아무도 당신께 맞서지 못합니다. …… 저희에게 심판의 칼이나 흑사병이나 기근과 같은 재앙이 닥친다 하더라도, 저희는 이 집과 당신 앞에 서겠습니다. 이 집에 당신의 이름이 있기 때문입니다. 그래서 저희가 곤경 속에서 당신께 부르짖으면, 당신께서 들으시고 구원해 주실 것입니다."(2역대 20,6-9)

하느님께서는 여호사팟을 비롯한 온 백성의 기도를 들으시고 '회중 가운데에 있는 야하지엘'을 통해 말씀하셨습니다.

저 큰 무리 앞에서 두려워하지도 당황하지도 마라. 이 전쟁은 너희의 것이 아니라, 하느님의 것이다. …… 이 전쟁에서는 너희가 싸울 것이 없다. 제자리를 지키고 서서, 주님이 너희에게 승리를 가져다주는 것을 보기만 하여라. 유다와 예루살렘아, 두려워하지도 당황하지도 마라. 내일 그들에게 맞서러 나가라. 주님이 너희와 함께 있을 것이다.(2역대 20,15-17)

이 말씀을 신뢰한 여호사팟 임금은 암몬과 모압에 맞서 싸우러갈 때, 거룩한 예복을 입은 사제들을 뽑아 다음과 같은 환호와 찬양의 노래를 부르며 앞서가게 하였습니다.

주님을 찬송하여라. 주님의 자애는 영원하시다.(2역대 20,21)

전쟁에서의 승리는 인간의 힘으로 이뤄낸 것이 아니라 어디까지나 '하느님께서 몸소 개입하여 주시는 축복'이라는 것이지요. 성경은 이스라엘 군대가 개입하기도 전에 하느님께서 싸워 승리를 가져다주신다는 것을 전하고 있는 셈입니다.

"하느님께서 나의 시련의 때에 나와 함께 계시고, 또 친히 앞장서서 싸워 주신다."는 성경의 말씀은 나에게 큰 위로가 됩니다. 세상을 살면서 우리 각자는 나름의 전쟁을 치르고 있다고 할 수 있습니다. 교회는 전통적으로 우리 영혼을 그릇된 길로 유혹하는 세 가지 원수三仇로 '마귀'와 '세속'과 '육신'을 들고 있지요. 이는 우리가 구원의 길로 나아가기 위해서는 마귀와 세속과 육신과 전쟁을 벌여야 하고, 그 전쟁에서 마침내 승리해야 천국을 얻는다는 의미이기도 합니다. 내가 하느님을 의지하고 따르면 내 영혼이 치러야 하는 어떠한 전쟁에서도 이길 수 있다는 믿음을 잃지 맙시다!

화친을 받아들이는 사람들에 대한 조치

너희가 어떤 성읍을 치려고 그곳에 다가가면, 먼저 그 성읍에 화친을 제안해야 한다. 그 성읍이 너희의 화친을 받아들여서 문을 열면, 그곳에 있는 백성은 모두 너희의 노역자가 되어 너희를 섬기게 해야 한다.(신명 20,10-11)

이스라엘 백성은 전쟁에 임할 때 무조건 싸움을 고집할 것이 아니라 먼저 화친을 제안하여 상대가 물러날 기회를 주어야 했습니다. 그리고 하느님의 힘을 두려워하여 그분의 백성에게 항복한 사람들은 죽이지 않고 노역자로 삼아 자신들을 위해 일하도록 조치하였습니다. 반면에 화친하자는 제안을 물리치고 싸움을 걸어오는(가나안에서 멀리 떨어져 있는) 성읍들의 경우에는 신명기의 규정에 의해 모조리 쳐부수어야 합니다. 이스라엘 백성이 그 성읍들을 포위하면 하느님께서 싸워 주시고 그들 손에 넘겨 주시는 성읍이니, 그곳의 여자들을 비롯한 모든 것은 전리품으로 삼고 그 밖에 남자들은 모두 죽여야 했습니다.

그러나 그 성읍이 너희와 화친하지 않고 싸우려 하면 그 성읍을 포위하여라. 그러면 주 너희 하느님께서 그 성읍을 너희 손에 넘겨주실 것이니, 너희는 그곳의 남자를 모두 칼로 쳐 죽여야 한다. 그렇지만 여자들과 아이들과 가축과, 성읍 안에 있는 모든 것, 곧 모든 노획물은 전리품으로 삼아도 된다.(신명 20,12-14)

고대 근동의 문헌과 비문을 읽어 보면, 아시리아의 왕들은 전쟁에 이겼을 때, 패자에 대하여 잔인하면 잔인할수록 잘한 일로 여겼다고 합니다. 이러한 기록을 볼 때 패배한 적에 대한 처분을 규정한 이스라엘의 이 법령은 좀 더 완화된 셈이라 하겠습니다.

약속의 땅에 살던 종족들에 대한 조치

모세는 위에서 본 것처럼 화친을 제안하였을 때, 그 제안을 받아들이는 성읍과 받아들이지 않는 성읍에 대해 각각 다른 조치를 내립니다. 반면에 하느님께서 주시겠다고 약속한 땅에 살고 있던 가나안 종족에 대해서는 다음과 같이 일방적으로 규정을 선포합니다. 그들의 경우에는 한 명도 살려 두지 말고 예외 없이 모두다 죽여야 한다는 것입니다. (여기에 그들이 항복했을 경우에 대한 고려는 없습니다.)

그러나 주 너희 하느님께서 너희에게 상속 재산으로 주시는 저 민족들의 성읍에서는, 숨쉬는 것은 하나도 살려 두어서는 안 된다. 너희는 주 너희 하느님께서 너희에게 명령하신 대로, 히타이트족, 아모리족, 가나안족, 프리즈족, 히위족, 여부스족을 모조리 전멸시켜야 한다. 그래야 그들이 자기 신들에게 하는 온갖 역겨운 짓을 너희도 하라고 가르쳐서 너희가 주 너희 하느님께 죄를 짓게 되는 일이 없을 것이다.(신명 20,16-18)

"숨쉬는 것은 하나도 남겨두어서는 안 된다."고 하시며 언급한 민족들은 창세기 15장에서 하느님께서 아브라함과 계약을 맺으실 때 지적한 가나안 땅의 사람들입니다. 이 민족들은 탈출기에서도 언급되어 있는데, 하느님께서 불타는 떨기 속에서 나타나셔서 모세에게 한 말씀이 그것입니다.

내가 그들을 이집트인들의 손에서 구하여, 그 땅에서 저 좋고 넓은 땅, 젖과 꿀이 흐르는 땅, 곧 가나안족과 히타이트족과 아모리족과 프리즈족과 히위족과 여부스족이 사는 곳으로 데리고 올라가려고 내려왔다.(탈출 3,8. 사도 13,19 참조)

구약 성경을 보면, 모세오경은 하느님께서 이스라엘 조상들에게 약속하신 '언약의 땅'이라는 주제로, 여호수아기와 판관기는 그 약속이 실현되는 '가나안 정복과 정착'을 주제로 이야기를 전개하고 있습니다.

하느님께서 가나안에 사는 민족들에게는 왜 이토록 엄격한 처벌을 요구하셨을까요? 가나안은 지리적으로 여러 문명이 만나는 교차점에 위치해 있었고, 각각의 임금이 통치하는 독립된 도시국가를 형성하여 상당히 발달한 문화를 누리던 지역이었습니다. 이들 나라에는 야훼 하느님께 대한 신앙에 직접적으로 반하는 바알신을 숭배하는 분위기가 팽배했고, 윤리적으로 부패한 사람들이 살고 있었습니다. 실제로 가나안 사람들은 이스라엘 백성에게 정복당한 후에 그들 속에 섞여 살면서(이스라엘 사람들에게) 나쁜 영향을 끼쳤다고 합니다. 신명기가 말하는 전쟁에 관한 법에 의하면, 이런 모든 것을 미리 아셨던 하나님께서(유일신 신앙에 위험을 가져올 수 있는) 그들을 전멸시키라는 명을 내리신 것입니다.

이스라엘 백성의 전쟁에 관한 법을 보며, 우리 신앙생활에 유익을 줄 전쟁을 벌이자는 다짐을 생각해 봅니다. “하나님을 향해 나가는 길에 방해가 되는 것들과 싸움을 벌여보자.” “하나님께 반反하는 것이면 무엇이든 다 없애버린다.” 이런 다짐들을 해보면 어떨까 하는 것입니다. 이런 각오로 하는 복된 전쟁에 분명 하나님께서 앞장서 싸워 주실 것이니까요!

9
약한 이들을 돌보시는 구원의 하느님

나무에 매달린 죄인

죽을죄를 지어서 처형된 사람을 나무에 매달 경우, 그 주검을 밤새도록 나무에 매달아 두어서는 안 된다. 반드시 그날로 묻어야 한다. 나무에 매달린 사람은 하느님의 저주를 받은 자이기 때문이다.(신명 21,22-23)

죽을죄를 지은 죄인을 처형하여 나무에 매다는 것은 이스라엘의 율법에서 볼 때 있을 수 있는 일이었고, 그 경우 밤이 되면 주검을 땅에 묻는 것이 당연했습니다. 이러한 율법 규정이 나무에 매달려 돌아가신 예수님을 그날로 장사 지낼 수 있었던 배경으로 이해됩니다. 아무튼 예수님께서 당하신 십자가형은 로마시대에 행해졌던 극악무도한 죄인에 대한 형벌이었지만, 유다인들에게는 죽을죄를 지은 죄인에게(로마인들을 통하여) 하느님의 율법에 따라 처벌이 내려진 것으로 받아들여진

면도 있습니다.

그날은 준비일이었고 이튿날 안식일은 큰 축일이었으므로, 유다인들은 안식일에 시신이 십자가에 매달려 있지 않게 하려고, 십자가에 못 박힌 이들의 다리를 부러뜨리고 시신을 치우게 하라고 빌라도에게 요청하였다.(요한 19,31)

요한 복음은(나무에 매달린 죄인에 대한 신명기의 율법 규정에 대한 언급 없이) 다음날이 안식일이었기 때문에 예수님의 주검을 그날 내리게 되었다고 합니다. 예수님의 주검은 돌아가신 날 저녁때 바로 내려져(예수님의 제자였던) 아리마태아 사람 요셉의 새 돌무덤에 모셔졌지요. 그런데 예수님이 처형되신 다음날, 수석 사제들과 바리사이들은 함께 빌라도에 가서 이렇게 말했습니다.

"나리, 저 사기꾼이 살아 있을 때, '나는 사흘 만에 되살아날 것이다.'라고 말한 것을 저희는 기억합니다. 그러니 셋째 날까지 무덤을 지키도록 명령하십시오. 그의 제자들이 와서 시체를 훔쳐 내고서는, '그분은 죽은 이들 가운데에서 되살아나셨다.' 하고 말할지도 모릅니다."(마태 27,63-64)

이렇게 하여(성전) 경비병들이 무덤을 지켰습니다. 하지만 예수님의 부활은 인간의 힘으로 막을 수 있는 성격의 것이 아니었습니다. 하느님께서는 사람들이 나무에 매달아 죽인 예수님을 다시 일으키신 것입니다.(사도 5,30 참조) 바오로 사도의 표현에 의하면, 예수님께서는 우리가 져야 할 율법의 저주를 대신 지시고 그 저주에서 우리를 풀어 주셨습니다.

"그리스도께서는 우리를 위하여 스스로 저주받은 몸이 되시어, 우리를 율법의 저주에서 속량해 주셨습니다. 성경에 '나무에 매달린 사람은 모두 저주받은 자다.'라고 기록되어 있기 때문입니다."(갈라 3,13)

예수님께서는 십자가의 형벌을 어쩔 수 없어서가 아니라 우리를 구원하시기 위하여 기꺼이, 자원하여 당하셨습니다. 그분은 우리를 위해 스스로 중죄인이 되시고 십자가 나무 위의 죽음을 받아들이신 것입니다. 이렇듯 예수님은 스스로 '죄인의 십자가' 위로 올라가신 '나무 위의 하느님'이시고 '구원의 하느님'이셨습니다. 우리의 죄를 대신 지고 십자가의 죽음을 겪으신 구원의 예수님께 감사드리며, 그분께서 원하시는 의로운 삶을 살아가도록 합시다!

약한 이들의 보호자이신 하느님

너희는 이방인과 고아의 권리를 왜곡해서는 안 되고, 과부의 옷을 담보로 잡아서도 안 된다. 너희는 너희가 이집트에서 종이었고, 주 너희 하느님께서 너희를 거기에서 구해 내신 것을 기억해야 한다.(신명 24,17)

하느님께서 이집트에서 종살이에 시달리던 이스라엘 백성을 구해 주셨으니, 그 백성은 자신의 땅에 함께 사는 이방인과 고아와 과부를 홀대하지 말고 돌보아야 한다는 말씀입니다. "신명기는 이렇듯 이집트 탈출을 상기시킴으로써, 공동체에서 이방인을 제외시키려는 편협한 삶의 태도를 없애려고 노력합니다."(한국천주교 주교회의, 《주석 성경 구약, 신명기 입문》, 436쪽) "(비단 이방인이 아니어도) 넓게는 가난한 이들을 존중하라."는 신명기의 규정은 갈수록 부유층과 서민층 간의 괴리乖離가 커지는 요즘에 더욱 힘을 얻습니다.

신명기는 백성의 일치가 사회적 불평등으로 위태롭게 되지 않도록, 이스라엘 자손들은 원래 이집트에서 고생하던 한 형제였음을 상기하여 가난한 이들을 위하여 함께 애쓰자고 합니다. 어려운 이들을 돌보아야 한다는 신명기의 규정은 앞에서 본 14장 '십일조 규정' 외에도 15장 '빚을 탕감해 주는 해에 대한 규정' '가난한 이들에 대한 규정' '빚 때문에 종이 된 이를 놓아주는 규정', 23장 '남의 포도나 곡식에 관한 규정', 24장 '담보물에 관한 규정' '품삯에 관한 규정' 등에도 반영되어 있습니다. 십일조 중 '해마다 바치는 (십일조) 규정' 외에 '세 해의 끝마다 바치는 (십일조) 규정'은 뒤에 다시 강조됩니다.

너희는 세 해마다 십일조를 바칠 때에 너희 소출에서 십분의 일을 모두 떼어 놓고, 그것을 레위인과 이방인과 고아와 과부에게 주어 그들이 너희 성안에서 배불리 먹게 될 때, 너희는 주 너희 하느님 앞에서 이렇게 말해야 한다. "저희는 거룩한 것을 저희 집에서 떼어 놓아, 그것을 당신께서 저희에게 명령하신 모든 계명대로 레위인과 이방인과 고아와 과부에게 주었으며, 당신의 계명을 하나도 어기지 않고 잊지도 않았습니다."(신명 26,12-13)

"가난한 이를 돌보라."는 말씀은 구약에서부터 시작하여 예수님과 사도들을 비롯하여 초대교회 때부터 늘 강조해 왔던 준엄한 명령입니다. 예수님께서는 말씀하셨습니다.

"주어라. 그러면 너희도 받을 것이다. 누르고 흔들어서 넘치도록 후하게 되어 너희 품에 담아 주실 것이다."(루카 6,38)
사람의 아들이 최후의 심판 때에 하시겠다는 이 말씀을 새기고 살아야 할 것입니다.
"너희가 내 형제들인 이 가장 작은 이들 가운데 한 사람에게 해 준 것이 바로 나에게 해 준 것이다. …… 너희가 이 가장 작은 이들 가운데 한 사람에게 해 주지 않은 것이 바로 나에게 해 주지 않은 것이다."(마태 25,40-45)

정확하고 올바른 기준

너희는 자루에 크고 작은 두 개의 저울추를 가지고 있어서는 안 된다. 너희는 집에 크고 작은 두 개의 되를 가지고 있어서는 안 된다. 너희는 정확하고 올바른 저울추를 가지고 있어야 하며, 정확하고 올바른 되를 가지고 있어야 한다.(신명 25,13-15)

어떤 물건의 무게와 양을 정확히 재는 것은 상거래의 기본에 속하는 '신뢰'의 일입니다. 신명기는 물건을 팔 때 저울로 정확하게 무게를 측정하고, 물건에 대한 값을 지불할 때에도 저울로 그 무게를 올바로 달아야 한다는 원칙을 제시하고 있습니다. 정확한 크기를 가진 되와 올바른 무게를 가진 저울추를 사용하는 사람은 하느님께서 주시는 땅에서 오래 오래 살면서 축복을 받으리라는 것입니다.

남과 더불어 살아가야 하는 우리 그리스도인은 다른 사람과의 만남에도(일반 사람보다) 더 정확하고 올바른 기준을 가져야 할 것입니다. 남을 대할 때 나의 기준이 그때그때 달라서는 제대로 관계를 맺을 수가 없는 것이지요. 더구나 나의 짧은 잣대로 남의 깊은 속을 판단한다는 것은 경솔하기 그지없는 일입니다. 예수님의 말씀이 들리지 않습니까?
"너희가 심판하는 그대로 너희도 심판받고, 너희가 되질하는 바로 그 되로 너희도 받을 것이다."(마태 7,2)

10
'하느님 계약에 대한 아멘'의 현재성과 미래성

순종의 아멘!

신명기 27장 14-26절에서 모세는 레위인들에게, 이스라엘 사람들에 대해 '열두 가지 저주'를 선포하라 명합니다. 열두 가지의 저주란 우상 숭배, 불효, 이웃의 경계 침범, 눈먼 이에 대한 잘못된 인도, 이방인과 고아와 과부에 대한 홀대, 아버지의 아내에 대한 간음, 짐승과의 성행위, 누이와의 동침, 장모와의 동침, 살인과 같은 죄를 저지르는 사람에 대한 징벌을 말합니다. 저주가 선포될 때마다 온 백성은 '아멘'이라는 환호로 응답할 것을 명하고 있습니다.

히브리 말로 아멘amen은 어떤 것에 대해 "확실하고 유효하다."는 사실을 드러낼 때 사용하는 표현으로서 '지지하다' '확증하다' '믿는다' 등의 뜻을 지닌 동사 '아만'aman에서 파생된 부사입니다. '아만'이 하느님께 대한 백성의 신앙행위를 드러내는 의미로 사용되는 구약의 구절은 "그런데도 너희는 주 너희 하느님을 믿지 않았다."(신명 1,32) "너희가 믿지 않으면 정녕

서 있지 못하리라."(이사 7,9) 등이 있습니다. 신명기에서 '아멘'은 하느님의 뜻을 담은 선포에 대해 이스라엘 백성이 참으로 공감하고 있음을 드러내는 표현이며, 동시에 그들이 신적인 명령에 대해 순종하고, 그렇지 않을 경우에는 저주를 받겠다는 확인이자 약속의 뜻을 담고 있습니다.

오늘날 우리가 미사와 전례, 또 일상의 기도 중에 드리는 '아멘'은 '아만'과 비슷하게 '믿는다.'는 뜻을 담아 일반적으로 "그렇게 되기를 바랍니다." 또는 "그렇습니다."라는 의미를 지니고 있습니다. 수많은 기도에 대해 숱한 '아멘'의 응답을 드리고 있는 우리가 아닙니까? 우리가 드리는 아멘이 단순히 그러한 기도에 공감한다는 뜻을 넘어 "나도 기도드린 대로 해 보겠다." "나도 기도의 지향대로 힘쓰겠다." 한마디로 "나도 그렇게 살겠다!"는 뜻을 담고 있고 있으면 좋겠습니다. 혹시 지금 나의 아멘이 형식에 그치는 고백이었다면, "예, 말씀하십시오. 당신 종이 듣나이다."라는 자세로 응답해 봅시다. 아멘의 하느님이신 예수님께서 우리의 아멘을 바라고 촉구하고 계실 것입니다. 아멘과 관련된 성경 말씀을 들려드립니다.

"아멘 그 자체이고 성실하고 참된 증인이며 하느님 창조의 근원인

이가 말한다."(묵시 3,14)
"그분(예수 그리스도)께는 늘 '예!'만 있을 따름입니다. 하느님의 그 많은 약속이 그분에게서 "예!"가 됩니다. 그러므로 하느님의 영광을 위하여 우리도 그분을 통해서 '아멘!' 합니다."(2코린 1,20)

순종에 따르는 복, 불순종에 따르는 저주

너희가 주 너희 하느님의 말씀을 잘 듣고, 내가 오늘 너희에게 명령하는 그분의 모든 계명을 명심하여 실천하면, 주 너희 하느님께서 땅의 모든 민족들 위에 너희를 높이 세우실 것이다. 너희가 주 너희 하느님의 말씀을 잘 들으면, 이 모든 복이 내려 너희 위에 머무를 것이다.(신명 28,1-2)

그러나 너희가 주 너희 하느님의 말씀을 듣지 않고, 내가 오늘 너희에게 명령하는 그분의 모든 계명과 규정을 명심하여 실천하지 않으면, 이 모든 저주가 내려 너희 위에 머무를 것이다.(신명 28,15)

28장의 전반부는 먼저 '순종에 따르는 복福'이라는 주제로,

하느님께서 당신의 말씀을 잘 듣는 사람들에게 얼마나 풍성한 복을 내리실 것인지를 말하고 있습니다. 그 복이 얼마나 풍성한지를 다음의 말씀이 잘 표현하고 있습니다.

너희의 광주리와 반죽 통도 복을 받을 것이다. 너희는 들어올 때에도 복을 받고 나갈 때에도 복을 받을 것이다. …… 주님께서 명령하시어, 너희의 곳간과 너희 손이 하는 모든 일에 복이 넘치게 하실 것이다. 이렇게 주 너희 하느님께서는 너희에게 주시는 땅에서 너희에게 복을 내리실 것이다.(신명 28,5-8)

후반부는 순종하지 않았을 경우에 내려질 저주를(갖가지 축복에 대비하여) 갖가지 예를 들어 장황한 어조로 경고하고 있습니다. 모세는 하느님께서 저주를 내리시는 이유가 "너희가 주님을 저버린 악행 때문"이라고 분명히 선언하면서, 그 저주의 내용은 무엇이고 또 얼마나 끔찍할 것인지 다음과 같이 선포하는 것입니다.

눈먼 이가 어둠 속에서 더듬는 것처럼, 너희는 대낮에도 더듬으며 길을 제대로 찾아가지 못할 것이다. 너희가 늘 억압을 받고 착취를

당하여도 구원해 줄 사람이 없을 것이다. …… 너희 땅의 소출과 너희가 일하여 얻은 모든 것을 너희가 알지도 못하는 백성이 먹어 버리며, 너희는 언제나 억압을 받고 짓밟히기만 할 것이다. …… 이 모든 저주가 너희 위에 내려, 너희가 멸망할 때까지 너희를 쫓아다니며 너희 위에 머무를 것이다. 이는 너희가 주 너희 하느님의 말씀을 듣지 않고, 그분께서 너희에게 명령하시는 계명과 규정들을 지키지 않았기 때문이다. …… 너희는 생명의 위협을 느끼고 밤낮으로 공포에 떨면서, 계속 살 수 있으리라는 확신을 가질 수 없을 것이다. 너희는 마음에 느끼는 공포와 두 눈으로 보는 광경 때문에, 아침에는 '저녁이 되었으면!' 하고, 저녁에는 '아침이 되었으면!' 할 것이다.(신명 28,29-67)

모세가 선포한 저주의 이야기는 오늘을 사는 우리도 귀담아 들어야 할 말씀입니다. 특히 28장 47절의 "모든 것이 풍부한데도, 너희가 기쁘고 행복한 마음으로 주 너희 하느님을 섬기지 않은 까닭에" 저주를 받게 될 것이라는 대목에서 더욱 뜨끔하게 다가옵니다. 하느님께서 내리신 축복으로 잘 살고 있음에도 불구하고, 혹 '기쁘고 행복한 마음으로' 하느님을 섬기지 못하는 나는 아닌지요?

"너희가 이 영광스럽고 경외로운 이름, 주 너희 하느님을 경외하고, 이 책에 쓰인 율법의 모든 말씀을 명심하여 실천하지 않으면"(신명 28,58), 주님께서 종살이하던 이집트로 도로 데려가실 것이라는 모세의 경고 말씀을 새기고 살아야 하겠습니다.

계약의 현재성과 미래성

앞에서 모세가 선포한 하느님의 축복과 저주는 하느님께서 "호렙에서 맺으신 계약에 덧붙여, (사해 동쪽) 모압 땅에서 이스라엘 자손들과 맺으라고 모세에게 명령하신 계약의 말씀"(신명 28,69)에 속하는 것입니다. 신명기에 따르면, 하느님과 계약을 맺은 이스라엘 백성은 하느님께서 주신 율법의 말씀을 실천해야 할 의무를 지고 있는데, 이는 당시 사람뿐만 아니라 미래의 사람에게도 해당하는 것입니다.

나는 이 계약과 이 맹세를 너희하고만 맺는 것이 아니고, 오늘 주 우리 하느님 앞에서 우리와 함께 여기에 서 있는 사람들과 오늘 우리와 함께 여기에 있지 않은 사람들과도 맺는다.(신명 29,13-14)

즉 지금 이 자리에서 현재의 사람들과 맺는 계약은 먼 훗날 미래 사람들과의 관계에서도 유효한 것이라고 말씀하십니다.

이렇게 계약은 시간을 초월하여 계시고 어디에나 현존하시는 하느님 앞에서, 또 하느님께서 친히 개입하셔서 하시는 일로 이해됩니다.

하느님께서 이스라엘 백성과 맺으신 계약이 지금 이 자리의 나와도 관련되어 있다는 구약 성경의 말씀이었습니다. 다음 신명기의 말씀을 앞에 두고 자신을 돌아보는 시간을 가져보면 좋겠습니다.

"어떤 사람이 이 맹세의 말씀을 듣고서도, 제 마음속으로 자신을 부추기며, '내가 마음대로 고집하며 살아, 젖은 것이든 마른 것이든 모조리 휩쓸어 간다 하더라도, 나에게는 아무 일이 없을 것이다.' 한다면, 주님께서 그를 용서하려 하지 않으실 것이다. 오히려 그에 대한 주님의 진노와 질투가 타올라 이 책에 쓰인 모든 저주가 그 위에 내리고, 주님께서 그의 이름을 하늘 아래에서 지워 버리실 것이다."(신명 29,18-19)

11
'하느님께서 베푸시는 마음의 할례'와 율법서의 역할

하느님의 저주 : 새로운 희망의 시작

하느님의 축복을 바라지 않는 사람은 없을 것입니다. 하느님께 청하는 우리 기도도 대개는 하느님의 축복을 바라며 간구하는 내용이겠지요. 그때마다 우리에게 하느님의 축복만이 계속 내린다면 얼마나 좋을까요? 하지만 현실은 결코 그렇지 않음을 우리는 알고 있습니다. 이스라엘 백성의 경우도 그러하였습니다. 구약 성경을 보면, 이스라엘 백성은 하느님의 축복 속에서 번성하기도 했지만 어떤 때에는 하느님의 분노로(그분께서 허락하거나 내리신 것으로 이해되는) 저주를 받기도 했습니다. 이스라엘 백성은 특히 나라를 잃고 이방인들의 나라에서 떠돌던(모세시대 이후의) 유배 시기에 (하느님의 벌로서의) 저주의 시간을 처절하게 견디어 내야 했습니다.

모세는 하느님께서 선택하신 예언자답게 이스라엘 백성이 겪어야 할 저주의 시간을 미리부터 내다보았습니다. 그는 하느님께서 당신의 저주를 백성 위에 내리시는 일이 결코 되돌릴 길 없는 절망의 끝이 아니라(또 다른 희망을 기약하는) 새로운 시작이 될 수 있음을 말하고 있습니다.

너희가 마음속으로 뉘우치고, 주 너희 하느님께 돌아와서, 내가 오늘 너희에게 명령하는 대로 너희와 너희의 아들들이 마음을 다하고 정신을 다하여 그분의 말씀을 들으면, 주 너희 하느님께서 너희의 운명을 되돌려 주실 것이다.(신명 30,1-3)

여기서 '운명을 되돌려 주신다.'는 말은 '이전의 상태로 회복시켜 주신다.'는 것으로 이해할 수 있습니다. 즉 모세는(장차) 이스라엘 백성이(하느님을 저버리고 어긋나더라도) 회심하여 돌아와 마음과 정신을 다해 하느님의 말씀을 듣는다면, (하느님의 저주 대신에 예전에 누리던) 축복을 받아(과거의) 운명을 돌려받게 된다고 말합니다. 이렇듯 모세는 자신의(죽음 후의) 부재상황不在狀況을 내다보며 이스라엘 백성에게 (앞날에 저주를 받더라도 결코 좌절하지 말라는) 희망의 메시지를 전하고 있습니다.

하느님께서 베푸시는 마음의 할례

모세는 하느님께서 내리시는 저주의 시간에도 이처럼 '회심하는 백성에게는 새로운 축복'이 내리게 될 것임을 선포하면서(일찍이 창세기에 하느님께서 명하신 할례가 아닌) '하느님께서 베푸시게 될 마음의 할례'를 언급합니다.

주 너희 하느님께서는 너희의 마음과 너희 후손의 마음에 할례를 베푸시어, 너희가 마음을 다하고 정신을 다하여 주 너희 하느님을 사랑하게 하셔서, 너희를 살게 해 주실 것이다.(신명 30,6)

여기서 '마음의 할례'란, (육신의 할례를 받는 것만으로는 부족한) 하느님의 백성이 '죄로 더럽혀진 마음을 깨끗이 하고 새로운 마음을 가지는 일'을 비유하고 있습니다. 결국 "하느님께서 이스라엘 백성들의 마음에 할례를 베푸신다."는 표현은 백성의 회심이(백성 스스로가 이루는 일이 아니라) '하느님께서 베푸시는 은총'에 의해서 이루어지는 일임을 암시하고 있습니다. 하느님께서 이스라엘 백성의 마음에 할례를 베푸시니, 이스라엘 백성은 '하느님의 호의와 이끄심으로 회개하여 새로운 마음'을 가지게 되는 것입니다.

도움의 은총

하느님께서 사람의 마음에 할례를 베푸신다. 즉 하느님께서 사람이 새로운 마음을 가질 수 있도록 건드리신다는 것은 "사람이 하느님의 은총을 받아들일 수 있도록, 하느님의 은총이 작용하여 사람을 준비시킨다."는 (오늘날) 교회의 가르침과도 일맥상통합니다. (물론 교회는 이러한 하느님의 자유로운 주도主導가 인간의 자유로운 응답을 요구하고 있음을 덧붙입니다.)

은총을 받아들이도록 인간을 준비시키는 것은 은총이 이미 작용한 결과이다. 은총은 신앙을 통한 의화義化와 사랑을 통한 성화聖化에 계속 협력하도록 하는 데 필요하다. 하느님께서는 우리 안에 시작하신 일을 완성하신다. "사실 하느님께서는 우리의 원의願意를 일으키심으로써 일을 시작하시며, 우리의 의지에 협력하심으로써 일을 완성하십니다."(성 아우구스티노)(가톨릭교회 교리서, 2001항)

우리는 세례를 통해 그리스도의 은총을 받아 하느님의 부르심에 응답하여 구원의 길로 나아가게 됩니다. 이를 '성화 은총'聖化恩寵 혹은 '신화 은총'神化恩寵이라고 하는데, 지속적이고 초자연적인 성향이라는 뜻에서 '상존 은총'常存恩寵이라고도 합니다. 한편 우리의 회개를 가능케 하는 하느님의 개입을 뜻하는 표현으로는 '조력 은총'助力恩寵이라는 말이 있는데, 모세가 말한 '하느님께서 베푸시는 마음의 할례'는 바로 이 조력 은총에 의한 것이라 하겠습니다. 바오로 사도께서도 마음의 할례를 강조하셨습니다.

"겉모양을 갖추었다고 유다인이 아니고, 살갗에 겉모양으로 나타난다고 할례가 아닙니다. 오히려 속으로 유다인인 사람이 참 유다인이고, 문자가 아니라 성령으로 마음에 받는 할례가 참할례입니다. 그렇게 하는 이는 사람들이 아니라 하느님께 칭찬을 받습니다."(로마 2,28-29)

사도의 이 말씀처럼 우리도 마음의 할례를 받아 참된 그리스도인으로 거듭나야 하겠습니다. 내 마음에 얼룩져 있는 죄의 허물을 벗겨내고 하느님의 자녀로 새로이 태어날 수 있도록 성령의 도우심을 청합시다!

율법서의 역할 : 백성들의 나쁜 행실에 대한 경계와 심판

모세는 율법의 말씀을 다 기록한 다음 레위인들에게 명령하기를, 그 책이 이스라엘 백성에 대한 증인이 되도록 하느님의 계약 궤 곁에 두라고 했습니다. 모세는 이미 이스라엘 백성의 반항심과 고집을 누구보다 잘 알고 있었기 때문입니다.

내가 오늘 이처럼 너희와 함께 살아 있는데도 너희가 주님께 반항하는데, 내가 죽은 다음에는 얼마나 더하겠느냐?(신명 31,27)

모세는 자신이 죽고 난 뒤에 백성이 하느님의 눈에 거슬리는 짓을 하게 될 것을 훤히 내다보고, 그러할 때 율법서가 백성이 해야 할 착한 행실을 안내하면서 그들이 저지르는 나쁜 행실에 대해서는 판단하고 징계하는 역할을 하도록 단단히 일러둔 것입니다. 이렇듯 구약 성경을 통해 전해지는 율법은 하느님의 말씀을 전하는 예언자의 역할을 계속하여 왔습니다. 그렇다면 구약의 율법은 단순히 과거 유대인들의 삶을 위한 유산만이 아니라, (살아계신 하느님의 말씀을 담고 있는) 오늘날의 우리를 위한 신앙의 유산이라고 할 수 있지 않을까요?

예수님께서 들려주신 '부자와 라자로의 비유' 말씀을 생각해 봅니다. (좋은 옷을 입고 날마다 즐겁고 호화롭게 살던) 어떤 부자가 있었는데, 그 집 대문 앞에는(종기투성이의 몸으로 부자의 식탁에서 떨어지는 것으로 배를 채우기를 간절히 바라며) 비참한 삶을 살던 가난한 라자로가 누워 있었습니다. 그러다 둘 다 죽었는데, 저승에서 고통을 받던 부자가 아브라함과 그의 곁에 있는 라자로를 멀리 올려다보고서 자비를 베풀어 달라고 소리쳤습니다. 아무리 애원해도 자신의 처지를 바꿀 수 없다는 것을 알게 된 부자는 이렇게 말했습니다.

"그렇다면 (아브라함) 할아버지, 제발 라자로를 제 아버지 집으로 보내 주십시오. …… 죽은 이들 가운데에서 누가 가야 그들이 회개할 것입니다." …… (이에 아브라함이 대답했다고 합니다.) "그들이 모세와 예언자들의 말을 듣지 않으면, 죽은 이들 가운데에서 누가 다시 살아나도 믿지 않을 것이다."(루카 16,27-31)

예수님께서 들려주신 비유 말씀은 예언자 모세의 마음을 이해하고 동병상련의 마음으로 하신 듯 들립니다. 그분께서는 마치 이렇게 말씀하신 듯합니다. "구세주인 내가 오늘 이처럼 너희와 함께 살아 있는데도 너희가 하느님께 반항하는데, 내가 죽은 다음에는 얼마나 더하겠느냐? 너희가 내 제자들이 전하는 복음의 말씀을 믿지 않는다면, 내가 죽은 이들 가운데에서 다시 살아나도 무슨 소용이 있을 것인가!"

혹 '내게 하느님께서 나타나신다면' 더 잘 살 것이라 장담하십니까? '부활하신 예수님을 내 눈으로 뵙는다면' 그분의 말씀을 더 잘 들을 것이라 자신하십니까? 믿지 않는 토마스에게 예수님께서는 말씀하셨지요. "너는 나를 보고서야 믿느냐? 보지 않고도 믿는 사람은 행복하다."(요한 20,29)라고요. 부디 예수님의 복음을 믿고 살아 기쁘고 행복한 여러분이시기를 바랍니다.

이로써 《하느님 뭐라꼬예? 모세오경》을 마칩니다.
함께해 주신 님들, 고맙습니다! 사랑합니다!